KB265108

스크린
자막없이 보기
어휘표현 300

스크린 자막없이 보기 어휘표현 300

초판 1쇄 인쇄 2018년 6월 12일
초판 1쇄 발행 2018년 6월 22일

지은이 : 오석태
펴낸이 : 조치영
펴낸곳 : 스크린영어사
편집주간 : 스크린영어사 편집부
디자인 : 류형태 (주)코치커뮤니케이션
경영지원 : 정연희
인 쇄 : 삼성인쇄

주소 : 서울 특별신 관악구 신림로 137
전화 (02) 887-8416
팩스 (02) 887-8591
홈페이지 www.screenplay.co.kr

등록일자 1997년 7월 9일
등록번호 제 16-1495

책값 19,800원
ISBN 978-89-6415-074-0

스크린

자막없이 보기

어휘표현 300

머리말

수없이 많은 서적이 난무하는 영어 시장입니다. 그 안에서 누구나 차별화된 컨텐츠를 찾습니다. 그런데 과연 무엇이 차별화일까요? 그 차별화의 정의를 정확히 내리는 것이 중요합니다. 차별의 1순위는 학습 소재입니다. 그리고 2순위는 정확한 가공입니다. 가공의 핵심은 정확하고 활용도 높은 문장과 대화의 선택, 그리고 그것에 대한 정확하고 세련된 해설입니다.

대한민국의 영어 시장에서 가장 대중적으로 자리잡아온 학습 소재는 바로 〈영화〉입니다. 워낙 오랜 세월 대중들의 마음 속에 자리 잡고 있었던 터라 사실 한 동안은 무심한 대우를 받았던 것도 사실입니다. 가까운 사람을 소홀히 대하는 인간의 속성 때문일 겁니다. 영화를 소재로 가장 많은 서적을 발간하고 영화 전문 출판사로 탄탄하게 자리잡은 〈스크린 영어사〉와 함께 차별 1순위의 소재인 영화로 〈스크린 자막없이 보기 어휘 표현 300〉을 발간하게 되었습니다.

차별 2순위인 가공자의 역할은 바로 저 오석태가 맡았습니다. 30년간 영어책을 집필하고 있습니다. 영어 학습서가 담을 수 있는 모든 장르의 책들을 다양하게 개발해 왔습니다. 그러면서 쌓인 노하우와 내공이 이 책 시리즈에 그대로 담겨 있습니다.

누구나, 어디에서나 가장 기초라고 강조하는 어휘들을 영화 속에서 제대로 발췌했습니다. 그리고 많은 영화 속에 골고루 쓰이고 있는 그 어휘들이 포함된 문장들을 그대로 가져와서 해설했습니다.

영어를 하는 사람이라면 반드시 알아야만 하는 원어민 사용 빈도 최고의 숙어들을 모았습니다. 그 숙어들이 영화 속에서 어떻게 활용되는지 그리고 실제로 어떤 감동을 주는지를 많은 영화 속에서 세세히 관찰한 후에 발췌하여 해설했습니다.

영어회화의 백미는 관용표현의 적절한 활용입니다. 수없이 많은 관용표현들이 있지만 그것들이 모두 일상회화에서 빈번히 사용되지는 않습니다. 많은 영화들을 세심하게 뒤져서 활용 빈도 최고의 관용표현들만을 모아서 해설했습니다.

차별화된 컨텐츠의 1순위와 2순위가 힘을 합쳐 개발한 이 〈스크린 자막없이 보기 어휘표현 300〉이 여러분의 영어실력에 큰 의미를 더하게 될 것입니다.

저자 오석태

목차

영화 속

최고 활용 빈도
기초 어휘 표현

15
MOVIE

1. see [~을 보다, ~을 알게 되거나 이해하다]

눈으로 보는 것은 물론이고 '뇌'로 보는 것, 즉 '처음에는 몰랐지만 원가를 보거나 듣고 난 후에 이해하다'의 의미로도 사용된다.

네가 무슨 말 하는지 알겠어.

【사전 점검】 '무슨 말'은 '네 말의 핵심'을 뜻한다.
know는 '이미 알고 있다'의 의미이기 때문에 이 문장에서는 사용할 수 없다.

안 될 이유가 없잖아.

【사전 점검】 "왜 안 돼?"를 Why not?으로 표현한다. 그렇다면 '안 될 이유' 역시 why not이 된다.
'~이 없다' 는 것은 '~을 이해할 수 없다' 의 느낌으로 표현할 수 있다. see의 활용이 필요하다.

I don't see why not.

2. late [늦은]

늦은 시간, 또는 예정된 시간보다 늦은 상황에서 사용하는 가장 일반적인 형용사이다.
사람이나 행위가 모두 주어로 올 수 있다.

나 지금 저녁시간에 늦었어.

【사전 점검】 늦은 '대상'을 말하고 있다. '이유', '대상' 등을 말할 때 사용하는 전치사는 for이다.

내가 좀 늦었네. 미안.

【사전 점검】 늦어서 미안하다는 것은 '이미 늦은 상태'임을 말한다.
미래를 의미하는 to 부정사를 쓰지 않도록 주의한다. Sorry to be late.는 틀린 문장이다.

Sorry (I'm) a bit late.

3. take [~을 받아 들이다, 시간이 ~걸리다]

'가져가다'가 기본의미이다. 눈에 보이지 않는 것을 가져간다면 그건 어떤 사실을
'받아들이는 것'이고 특정한 일이 시간을 가져간다면 '시간이 걸리는 것'이다.

내 말 오해하지 마.

【사전 점검】 대화 도중에는 '내 말'이 결국 this에 해당된다.
'오해하다'는 misunderstand 대신에 take something the wrong way가 즐겨 사용된다.

금방이면 될 거야.

【사전 점검】 '금방'은 '잠깐' 즉, a moment를 뜻한다. '될 거야'에는
'미래 추측'의 의미가 포함되며 will로 표현된다.

I will only take a moment.

4. keep [~을 간직하다, ~을 보관하다, 계속 ~을 하다[하게 하다]]

뭔가를 '계속 가지고 있다'는 의미이다. 그래서 '갖다', '간직하다', '보관하다' 등의
의미가 가능하며 '계속 어떤 상태를 유지하다'의 뜻도 중요하게 사용된다.

그건 잊지 않고 기억해 둘게.

【사전 점검】 '기억해 둔다'는 것은 '계속 생각 안에 보관한다'는 의미이다.
그 안에 '잊지 않다'의 뜻이 포함된다. '생각'은 mind이다.

계속 기다리게 해서 정말 미안해.

【사전 점검】 '계속 기다리게 하다'는 '이제껏 기다렸는데 앞으로도 계속 기다리게 하다'라는
'미래의 의미'를 포함한다. '미래'는 부정사로 표현한다.

I'm so sorry to keep you waiting.

5. work [일하다, 효과가 있다]

사람이 노동을 하면 '일하다'가 되고 사람이 계획하거나 만든 물건,
또는 기획이 제대로 움직이면 '효과가 있다'라고 말한다.

두 배 더 열심히 일할 거에요.

【사전 점검】'두 배'는 twice, 열심히는 hard, '두 배 더 열심히'는 twice as hard로 표현한다.
'의지'가 아닌 '미래에 진행되고 있을 상황'을 말할 때는 〈will be + 진행〉형태를 이용한다.

그거 아마 효과 있을 거야.

【사전 점검】'그거 아마 ~일 거야'는 That will ~로 표현한다. 조동사 will에 '아마도'의 의미가 포함된다.
'효과 있다'는 work이다.

That will work.

6. want [~을 원하다, ~에게 …을 원하다]

뭔가를, 또는 어떤 행위를 '선택적으로 원한다'는 의미이다.
반드시 필요한 것은 아니기 때문에 '안되면 할 수 없고'의 의미를 포함한다.

난 그래도 네가 와주면 좋겠어.

【사전 점검】 '그래도'는 '여전히'의 느낌이다. 따라서 still을 이용해서 표현한다.
'와주면 좋겠어'는 '못 오면 할 수 없고'의 뜻을 담는다.

네가 원하는 것을 해.

【사전 점검】 '네가 원하는 것'은 the thing that you want이다.
여기에서 the thing that 대신에 흔히 what를 이용한다.

Do what you want.

7. **need** [~을 필요로 하다]

want와는 달리 '선택적'이 아니라 '필수적'이다. 따라서 뭔가가 '반드시 필요하다'로 이해한다.
Want와 need의 차이를 이해하지 못하면 대화 도중 많은 오해가 발생한다.

필요한 게 있으면 전화 할게.

【사전 점검】 '필요한 게 있으면'은 '예외 없이 뭔가가 확실히 필요한 상황'을 뜻한다.
need가 필요함은 물론이고 '확정'의 의미인 현재시제를 이용해야 한다.

너하고 대화를 꼭 좀 해야겠는데.

【사전 점검】 '대화를 꼭 하다'에는 '반드시 필요함(need)'과 '미래(부정사)'의 의미가 포함된다.
따라서 need to를 이용하고 '~와 대화하다'는 talk to ~이다.

I need to talk to you.

8. funny [웃긴, 재미있는]

하는 말이나 행위가 웃기고 재미있다는 의미의 형용사이다.
그것이 지나치면 기이한 것으로 변해서 '기이한', '괴상한' 등의 의미로 쓰일 때도 있다.

THE SHAWSHANK REDEMPTION

뭐가 그렇게 웃겨?

【사전 점검】 '뭐가'는 말 그대로 What을 이용한다. 의문문이기 때문에 자연스럽다.
'그렇게 웃긴'은 so funny이다. so는 부사로서 형용사를 강조한다.

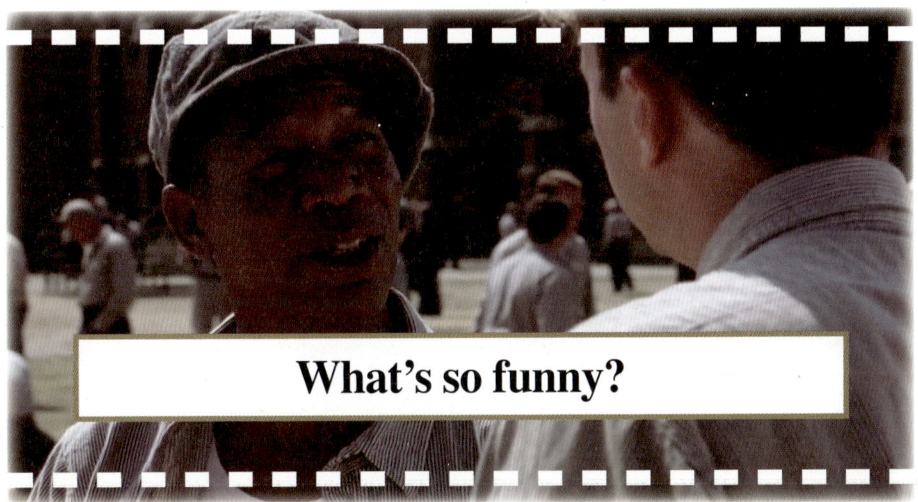

KINGSMAN: THE SECRET SERVICE

그거 정말 웃긴 걸.

【사전 점검】 '정말 웃긴'에서 '정말'은 '매우'의 느낌이다. 부사로서 '웃긴'을 강조한다.
really와 pretty가 '정말'에 해당되는 어휘들이다.

That's pretty funny.

9. sorry [미안한, 죄송한]

나의 행동이나 말이 상대에게 좋지 않은 결과를 끼쳤을 때 미안한 마음을 전하는 형용사이다.
'유감인'으로 해석하며 정중한 느낌을 전하기도 한다.

너희들에게 방해가 된다면 미안해.

【사전 점검】 '방해하다'는 '정신적으로나 물리적으로 상대에게 피해를 준다'는 뜻이다. disturb를 이용한다.
'너희들'은 you, 또는 you guys로 표현한다. '방해가 된다면'에는 '미래'와 '조건'의 의미가 포함된다.
이것은 부정사가 갖는 의미와 같다. 따라서 to disturb you guys가 된다.

언성을 높여서 미안합니다.

【사전 점검】 '언성을 높이다'는 목소리를 높인다는 의미이므로 raise one's voice로 표현한다.
'언성을 높여서'에는 과거시제가 포함된다.

I'm sorry I raised my voice.

10. wear [입다, 끼다]

뭔가를 몸에 걸치면 그것은 다 wear로 표현된다. 그래서 옷, 양말, 안경, 모자 등이
해당되며 심지어 얼굴에 짓는 표정과 웃음도 wear에 포함된다.

난 반바지 입는 걸 좋아해.

【사전 점검】 평소에 좋아한다는 의미이다. 평소에 좋아한다는 것은 과거부터 늘 그래왔다는 의미이기도 하다.
바로 동명사가 갖는 의미와 같다. '반바지'는 short pants가 아니라 shorts로 표현한다.

너 지금 컬러 콘택트렌즈를 끼고 있는 거야?

【사전 점검】 '렌즈를 끼다' 역시 동사 wear로 표현한다.
'지금 끼고 있다'는 '낀 상태로 돌아다닌다' 이므로 진행형으로 표현한다.

Are you wearing color contacts?

실생활 최고 활용 빈도 표현 대화

TOP 3

1

A: I need to talk to you. (7번)
B: I think you've wasted enough of my time.

A: 너하고 대화해야 된단 말이야.
B: 너 이미 내 시간 충분히 뺏아갔거든.

2

A: What's so funny? (8번)
B: You'll understand when you see the rock hammer.

A: 뭐가 그렇게 재미있어?
B: 나중에 그 돌망치 보면 이해할 거야.

3

A: This isn't working. (5번)
B: I know what to do.

A: 이거 안 되는데.
B: 어떻게 하는지 내가 알아.

미드 <13 Reasons Why> 속 최고 활용 빈도 표현 TOP 5

1 What are you wearing?
지금 뭐 입고 있니?

2 I'll see you around.
나중에 보자.

3 I need you to focus.
집중 좀 해주지.

4 That seat's taken.
그 자리 사람 있어요.

5 We used to work together.
우리 같이 일 했었어.

11. handle [다루다, 처리하다, 감당하다]

어떤 일이나 사람을 다룬다는 의미이며 그것들을 감당해낸다고 말할 때도 사용하는
기본 동사이다. 같은 의미로 deal with를 흔히 사용한다.

그걸 네가 처리할 수 있겠어?

【사전 점검】 '처리할 수 있겠어'는 '처리할 수 있는지 가능성'을 묻는 말이다.
가능성을 뜻하는 조동사로 can를 사용한다.

사람들은 두려움을 이겨내는 방법이 다 달라.

【사전 점검】 '두려움'은 fear, '두려움을 이겨내다'는 '두려움을 감당하다'의 느낌이라서 handle fear라고 한다.
'다른 방법'은 different ways로 표현한다.

People handle fear in different ways.

12. discuss [토의하다, 논하다, 상의하다]

어떤 것을 주제로 두 사람 이상이 진지하게 토론한다거나 자신의 생각을 주고 받는다는 의미이다. talk와는 '진지도'의 면에서 큰 차이가 있다.

그건 너와 상의할 수가 없는 문제야.

【사전 점검】 '그 문제'를 that problem으로 받지 않고 단순히 that만으로 표현할 수 있다.
'그 문제를 상의하다'는 discuss that이다.

우리 그건 저녁 먹으면서 진지하게 얘기해보자.

【사전 점검】 '그것을 진지하게 얘기하다'는 discuss it으로 표현한다.
'저녁 먹으면서'는 over dinner라고 한다.

Let's discuss it over dinner.

13. alone [혼자인, 홀로]

다른 사람 없이 혼자인 상태, 또는 어떤 일을 혼자 처리한다고 말할 때 사용하는 어휘이다.
형용사와 동사로 모두 사용 가능하다.

나를 혼자 두지 마.

【사전 점검】 '혼자 두다'는 '혼자인 상태로 남겨 놓다'로 이해한다. leave somebody alone으로 표현한다.
alone이 형용사로 쓰이는 경우이다.

그냥 혼자 오셔도 됩니다.

【사전 점검】 부사 '그냥'은 just로 표현하고 '혼자 오다'는 come alone이다.
이때는 alone이 부사로 사용된다.

You could just come alone.

14. make [~을 … 하게 만들어주다]

'뭔가를 만든다' 뿐 아니라 '사람의 기분을 어떻게 만든다', 또는 '사람이 어떤 행동을
하게 만든다'라고 말할 때 흔히 사용되는 최고 활용 빈도 어휘이다.

그렇게 하니까 기분 좋지 않아?

【사전 점검】 '그렇게 하니까'를 doing that'이 아니라 '그런 행위'로 바꾸어 이해하고
그것을 that만으로 간단히 표현할 수 있다.

나를 픽업하러 오라고 해서 미안.

【사전 점검】 결국 '내가 너를 시켜서 네가 나를 픽업한다'는 의미이다.
그것을 make you pick me up으로 표현한다.

Sorry to make you pick me up.

15. use [～을 사용하다]

육안으로 볼 수 있는 물건 뿐 아니라 언어, 물질, 추상명사, 그리고 사람까지 모든 것들을
이용하거나 사용한다고 말할 때 쓰는 동사이다.

그런 말은 사용하지 않도록 해.

【사전 점검】 '말'은 여러 어휘가 있지만 '평소에 쓰는 말'을 뜻할 때는 language를 흔히 이용한다.
'그런 말'은 '그런 식의 말'로 이해해서 language like that라고 한다.

너 이거 사용하는 방법을 아니?

【사전 점검】 '～을 사용하는 방법을 알다'는 know how to use ～를 이용하여 표현한다.
'이거'는 this, 또는 this thing으로 말한다.

Do you know how to use this thing?

16. smell [냄새가 나다, ～의 냄새를 맡다]

'좋지 않은 냄새가 나다(완전 자동사)', '～한 냄새가 나다(불완전 자동사)', '～의 냄새를 맡다(타동사)' 등의 의미를 갖는 기본 동사이다.

그거 냄새가 정말 좋아요.

【사전 점검】 '냄새가 좋은'은 smell good, smell wonderful 등으로 표현한다. wonderful은 good을 강조한 어휘이다. smell이 불완전 자동사로 쓰였다.

저는 비 냄새를 맡을 수 있어요.

【사전 점검】 '비 냄새를 맡다'는 smell the rain이다. smell이 타동사로 쓰인 경우이다. smell smoke는 '담배냄새를 맡다'의 뜻이다..

I can smell the rain.

17. stop [~을 멈추다, ~을 그만하게 하다]

지속적인 움직임을 저지하거나 사람의 계속되는 행동을 막는다는 의미의 기본 동사이다.
그런 의미의 특성상 목적어로는 부정사가 아닌 동명사가 온다.

이제 얘기 그만해.

【사전 점검】 '얘기하다'는 '서로 대화를 하다'의 의미이다. 여기에는 talk와 speak가해당된다.
stop의 목적어로 동명사가 오는 것을 반드시 기억해야 한다.

이제 우리의 발목을 잡는 건 아무 것도 없어.

【사전 점검】 '우리의 발목을 잡다'를 '우리가 계속 해오던 행위를 못하게 막는다'로 이해한다.
이것은 stop us로 간단히 표현할 수 있다.

There's nothing stopping us.

18. push [밀다, 밀치다, 밀어붙이다]

사람이나 물체를 힘으로 밀친다는 의미이다. 여기에 더해서 정신적으로 밀어붙이는 경우,
즉 '부담을 주다' 의 의미도 포함된다.

나는 그를 밀치고 지나갔어.

【사전 점검】 push somebody는 '누군가를 밀치다'이고 past somebody는
'누군가를 지나간'이며 push past somebody는 '～를 밀치고 지나가다'이다.

우리가 그를 너무 심하게 밀어붙였어.

【사전 점검】 '너무 심하게'는 too hard로 표현한다.
'그를 밀어붙이다'는 push him이므로 '그를 너무 심하게 밀어붙이다'는 push him too hard이다.

We pushed him too hard.

19. pull [당기다]

사람이나 물체를 '물리적 힘이나 추상적인 힘을 이용해서 끌어 당긴다'는 의미이다.

난 방아쇠를 당기지도 않았어.

【사전 점검】 '방아쇠'는 trigger이며 '방아쇠를 당기다'는 pull the trigger로 표현한다.
trigger-happy는 '호전적인', '공격적인' 등의 의미이다.

택시 세워요.

【사전 점검】 차 안이나 밖에서 차를 세우라고 말할 때는 보통 Pull over.라고 한다.
특정한 차를 지정해서 그 차를 세우라고 명할 때는 목적어로 그 차를 말하게 된다.

Pull over the cab.

20. break [~을 어기다, ~을 지키지 않다]

물건을 깨뜨리는 경우와 약속, 계약, 법 등을 깨뜨리는 경우를 모두 포함하는 기본 동사이다.

약속을 어길 수가 없었습니다.

【사전 점검】 '약속'에는 promise, word 등이 해당된다.
'약속을 어기다'는 break one's promise, break one's word 등으로 표현할 수 있다.

우리가 법을 어긴 거야?

【사전 점검】 '법'은 law이다. 따라서 '법을 어기다'는 break the law라고 한다.
'규칙을 어기다'는 break the rules이다.

Did we break the law?

실생활 최고 활용 빈도 표현 대화 TOP 3

1

A: Pull over the cab. (19번)
B: Sir. Excuse me. Can you please pull the car over?

A: 그 택시 세워!
B: 기사 아저씨. 죄송한데요. 차 좀 세워줄 수 있으세요?

2

A: We pushed him too hard. (18번)
B: He has nothing to lose.

A: 우리가 그를 너무 심하게 밀어붙였어.
B: 그 사람은 잃을 게 하나도 없는 걸 뭐.

3

A: Let's discuss it over dinner. (12번)
B: No, Dad. I'm just tired.

A: 우리 저녁 먹으면서 얘기하자.
B: 아니요, 아빠. 지금 제가 좀 피곤해요.

미드 〈Boston Legal〉 속 최고 활용 빈도 표현 TOP 5

1 Stop doing this.
이런 짓 이제 그만 해.

2 Pull over to the side of the road.
길옆으로 차 대.

3 You handled the meeting well.
회의를 아주 잘 진행했어.

4 I think I better discuss it with you in person.
제가 직접 만나 뵙고 이 문제를 의논 드리는 게 낫겠습니다.

5 If it smells funny, I'm not eating it.
냄새가 이상하면 난 안 먹어.

21. future [미래, 장래]

단순히 시기적으로 볼 때의 '미래', 또는 한 사람이나 회사의 입장에서 볼 때의
'미래'의 의미를 포함하는 명사이다.

네 미래가 걱정된다.

【사전 점검】 '너의 미래'는 your future' 이며 '걱정되다'는 be worried나 be concerned로 표현한다.
둘 중 후자가 더 격 있는 표현이다.

넌 미래에 대해서 생각해본 적 있어?

【사전 점검】 '미래에 대해서'는 about the future이며 '생각해본 적'은 have thought,
또는 ever thought로 표현한다.

Did you ever think about the future?

22. enough [충분한, 충분히]

시간이나 뭔가의 양이 필요한 만큼 충분히 있다는 의미의 한정사 겸 부사이다.
또한 '필요한 만큼의 수나 양'이라는 뜻으로 대명사 역할을 하기도 한다.

돈은 충분해.

【사전 점검】 돈이 충분하다는 것은 '충분한 돈을 가지고 있다'로 표현한다.
'충분한 돈'은 enough money이다.

그 정도면 충분할 것 같아.

【사전 점검】 '~일 것 같다'는 흔히 I think ~ 형태로 표현한다.
'그 정도'는 그냥 that로 표현 가능하며 '충분할 것'은 '충분한 양'으로 대명사 취급한다.

I think that'll be enough.

23. afraid [무서운, 두려워하는, 겁내는]

특정한 사물이나 사람, 또는 어떤 상황이나 결과를 두려워하고 무서워한다는
의미의 형용사이다. 점잖은 분위기의 어휘에 속한다.

두려워 말아요.

【사전 점검】 '두려워하는'은 afraid이며 '두려워하다'는 be afraid이다.
형용사와 be 동사는 서로의 의미 완성에 도움을 준다. be 동사의 원형은 be이다.

두려워할 이유 하나도 없어.

【사전 점검】 '두려워할'은 '앞으로 두려워할' 즉, '미래'의 의미이다. be afraid의 미래형은 to be afraid이다.
'이유가 하나도 없다'는 There's no reason.이다.

There's no reason to be afraid.

24. fair [정당한, 타당한]

논리적으로 타당하고 정서적으로 온당하며 객관적으로 인정 가능하다는 의미의 형용사이다.

그건 정당하지 않아.

【사전 점검】 '그건'은 that이며 '정당하지 않은'은 not fair, 또는 unfair라고 한다.
'정당하지 않다'가 되려면 be 동사의 도움을 받는다.

그렇게 하면 괜찮겠어?

【사전 점검】 '그렇게 하면'은 단순히 that로 받을 수 있다.
'괜찮다'는 '오해 없이 정당하다'는 의미이며 fair, 또는 fair enough(충분히 좋은)를 이용한다.

Is that fair enough?

25. **serious** [진지한, 심각한]

하는 말이나 행위가 진지하다는 의미의 형용사이며 어려운 상태나 부상의 정도가 심각하다고 말할 때도 사용되는 어휘이다.

THE ACCIDENTAL HUSBAND

너 심각한 문제에 빠질 수도 있어.

【사전 점검】 '심각한 문제'는 serious trouble이며 '심각한 문제에 빠지다'는 get into serious trouble로 표현한다. '빠질 수도 있다'는 '가능성'을 뜻한다.

THE SOLOIST

나 지금 진지하게 하는 말이야.

【사전 점검】 '진지하게 하는 말이다'는 그냥 '진지하다'로만 표현해도 충분하다. '진지하다'는 be serious 이다.

I'm serious.

26. sound [~한 상태로 들리다]

뒤에 형용사의 도움을 받아서 '~하게 들리다'의 뜻을 전하며 '~처럼 들리다'로
표현하려면 'sound like+명사' 패턴을 이용한다.

그녀는 말이 참 예쁘고 매력적이야.

【사전 점검】 '말이 ~하다'는 '말이 ~하게 들리다'와 같은 의미이다.
'예쁘고 매력적인'에 해당되는 형용사는 lovely이다.

너 말하는 게 꼭 미친 사람 같아.

【사전 점검】 '말하는 게 ~하다'는 '말이 ~하게 들리다'의 의미와 같다.
'미친 사람 같다'는 '미친 사람이 하는 말처럼 들리다'의 의미이다.

You sound like a crazy person.

27. confusing [헷갈리게 하는, 혼란스럽게 만드는]

동사 confuse는 '~을 혼란스럽게 만들다'의 의미이며 형용사 confusing은
'사람을 혼란스럽게 만드는' 의 뜻을 갖는다.

그게 나한테는 진짜 헷갈리는 일이야.

【사전 점검】'헷갈리는 일이야'는 confusing만으로 표현이 가능하며 '진짜'는 강조 부사 so로 표현한다.
'나한테는'은 to me로 간단히 말한다.

너 정말 사람 혼란스럽게 만드는구나.

【사전 점검】'사람을 혼란스럽게 만드는'이 바로 confusing이다.
따라서 '정말 사람 혼란스럽게 만든다'는 be so confusing을 이용한다.

You're so confusing.

28. purpose [목적]

개인이나 단체가 이루고자 하는, 또는 꼭 이루어야 할 목적을 의미하는 명사이다.

이렇게 하는 목적이 뭐야?

【사전 점검】 '이렇게 하는 목적'은 '이 일의 목적'을 뜻한다. the purpose of this라고 표현한다.
purpose를 이용하면 격을 갖춘 말이 된다.

그가 그것을 일부러 거기에 남겨둔 거야.

【사전 점검】 '일부러'는 on purpose로 표현하고 '그것을 거기에 남겨두다'는 leave it there이다.
'거기에 남겨두었다'는 과거의 시점 없이 '과거의 사실' 만을 말하기 때문에 과거 시제가 아닌 현재 완료로 표현한다.

He's left it there on purpose.

29. wake [~을 깨우다]

자고 있는 사람을 잠에서 깨우거나 정신을 놓고 있는 사람을 정신 차리게 한다는 의미의 동사이다.

깨워 주지도 않고.

【사전 점검】'나를 깨워주다'는 wake me이고 '나를 깨워주지 않다'는 don't wake me이다.
시제에 주의한다.

나 때문에 깬 거야?

【사전 점검】'너'보다는 '내'가 부각되어야 하는 말이다.
'네가 깨다'가 중심이 아니라 '내가 깨우다'가 중심이 된 표현이다.

Did I wake you?

30. promise [약속하다, ~와 약속하다]

시간 약속이 아니라 '구두 서약'에 해당되는 동사이다. 자동사로 쓰여서
'약속하다', 타동사로 쓰여서 '~와 약속하다'의 의미로 모두 사용된다.

나한테 하나만 약속해줘.

【사전 점검】 '나한테 약속하다'는 '나와 약속하다'이다. promise me이다.
'하나만'은 '하나'를 강조해서 one thing으로 표현한다.

내가 약속 한다니까.

【사전 점검】 '약속하다'는 단지 promise이므로 '약속한다니까'의 느낌을 살리려면
문장을 발음할 때 감정으로 처리하는 것이 좋다.

> ## I promise.

실생활 최고 활용 빈도 표현 대화 TOP 3

1
A: I've only loved two girls in my whole life, both total disasters.
B: That's not fair. (24번)

*disaster 완전 실패작, 참사

A: 난 내 인생에서 딱 두 여자만 사랑해 봤어.
　 그런데 둘 다 완전 실패로 끝났어.
B: 정말 불공평하네.

2
A: Don't be afraid. (23번) He's quite safe.
(to a woman) Are you hurt?
B: Only my ankle.

A: 무서워 말아라. 안전하단다. 다쳤어요?
B: 발목만 좀이요.

3
A: I'm sorry, did I wake you? (29번)
B: No, not at all. I can't sleep lately.

A: 미안해, 내가 깨운 거야?
B: 아니, 전혀. 내가 요즘 잠을 못 자.

미드 〈Criminal Minds〉 속 최고 활용 빈도 표현 TOP 5

1

She sounds so grown up.
말하는 걸 보니 다 컸네, 다 컸어.

2

Are you serious?
너 진심으로 하는 말이야?

3

No hard feelings, I promise.
악감정 없어. 정말이야.

4

I didn't want to wake you.
널 정말 깨우고 싶지 않았어.

5

You're just afraid of getting caught.
넌 그냥 잡힐까 봐 걱정하는 거잖아.

31. show [~을 보여주다]

물건이나 사람을 보여 준다거나 길, 또는 뭔가를 안내해준다고 말할 때 사용하는 동사이다.

우리에게 본색을 좀 드러내 보시지.

【사전 점검】 '드러내다'는 '보여주다'의 의미이다. '본색'은 말 그대로 true colors로 표현한다.
'우리에게 ~을 드러내다'는 Show us ~이다.

당신한테 뭘 좀 보여주고 싶은데.

【사전 점검】 '너에게 ~을 보여주다'는 show you에 해당하고 '너에게 뭔가를 보여주다'는
show you something이다.

I want to show you something.

32. upset [마음이 상한 상태인, 속이 상한]

원래 위와 아래가 바뀌어 뒤집어진 상태를 뜻한다. '기분'이 뒤집어지면 '언짢은', '속이 상한' 등의 의미를 전한다.

내가 마음이 상했었지.

【사전 점검】 '마음이 상하다'는 be upset이며 '마음이 상했다'는 과거 시제이므로 was/were upset으로 표현한다. 시제를 혼동하지 말아야 한다.

그녀는 지금 그가 떠나서 몹시 맘이 상한 상태야.

【사전 점검】 '마음이 몹시 상하다'는 be pretty upset이고 그 유발자는 with somebody, 이유는 전치사 for를 이용해서 표현한다.

She's pretty upset with him for leaving.

33. nice [아주 좋은, 친절한]

뭔가의 상태, 사람의 성격이나 행동, 또는 어떤 일의 결과 등이 매우 좋다고 말할 때
사용하는 형용사이다.

너 그들에게 친절히 잘해야 돼.

【사전 점검】 '친절히 잘하다'는 be nice로 간단히 표현하고 '그들에게'는 to them이다.
'~을 해야 돼'는 '당위성'을 부가해서 have to를 이용한다.

저 친절한 여성에게 꼭 팁을 드려라.

【사전 점검】 '~에게 팁을 주다'는 tip somebody의 형태이며 '저 친절한 여성'은 the nice lady로 말한다.
'꼭 ~을 하다'는 make sure ~를 이용한다.

Make sure you tip the nice lady.

34. safe [안전한, 안심할 수 있는]

사람이나 상태가 안전하다거나 사람이나 뭔가가 남에게 해를 끼치지 않을 정도로
안전하다고 말할 때 사용하는 형용사이다.

너 지금 안심할 수 있는 상황이 아니야.

【사전 점검】 '안심할 수 있는 상황이다'는 '안전하다'와 같다. '너'를 주어로 한다면 결국 '네가 안전하다'가 된다.
부정문이면 not만 추가하면 된다.

안심이 됐어.

【사전 점검】 '안심이 되다'는 '마음이 안정된 상태이다'를 뜻한다. 그래서 feel safe라 한다.
시제가 과거일 때는 felt safe이다.

I felt safe.

35. listen [귀담아 듣다]

남이 하는 소리, 또는 어디선가 들려오는 소리를 귀담아서 신경 써 듣는다는 의미의 동사이다.

너 지금 내 말 제대로 듣고 있는 거야?

【사전 점검】 '지금 듣고 있는 거야'는 문장의 시제가 '현재진행형'임으로 말한다.
'내 말을 제대로 듣다'는 listen to me인데 to me는 생략이 가능하다.

닥치고 내 말 한 번만 좀 귀담아 들어봐.

【사전 점검】 '닥치다'는 가까운 사이에 쓰는 속어이다. 정확히 shut up이다.
'한 번만'을 강조할 때는 for once라고 말한다.

Shut up and listen to me for once!

36. exactly [정확히]

숫자나 상황, 결과 등이 예상했던 것과, 또는 정답과 정확히 일치한다고 말할 때 사용하는 부사이다.

제가 했으면 하고 원하는 게 정확히 뭐에요?

【사전 점검】 '~이 정확히 뭐에요?'는 What exactly is it that ~으로 표현한다. '제가 했으면 하고 원하다'는 예의를 갖춘 표현이므로 you would like me to do로 would를 이용해서 표현한다. 보통은 you want me to do가 좋다.

내가 꼭 알아야 되는 게 바로 그거야.

【사전 점검】 '내가 꼭 알아야 되는 게'는 the thing that I need to know, 또는 what I need to know이다. need to know는 '꼭 알아야 하다'이다.

That's exactly what I need to know.

37. learn [배우다, 깨닫다]

모르고 있었거나 필요한 것을 새롭게 알게 되거나 배우고 깨닫는다는 의미의 동사이다.

저는 무엇이든 배우는 속도가 빨라요.

【사전 점검】 '배우는 속도가 빠르다'는 learn fast라고 간단히 표현한다.
만일 '배우는 속도가 빠른 사람' 으로 표현하고 싶으면 a fast learner를 쓴다.

배우고 깨닫는 게 많아요?

【사전 점검】 '배우고 깨닫다'를 동사 learn으로만 표현할 수 있다.
그 양이 많다는 것은 a lot으로 간단히 나타낼 수 있다.

Are you learning a lot?

38. ask [묻다, 질문하다]

뭔가 알고 싶은 것, 또는 궁금한 것을 누군가에게 질문한다는 의미의 동사이다.

물어봐줘서 고마워요.

【사전 점검】 '물어봐주다'는 그저 ask 하나만으로 표현할 수 있다.
'〜이 고맙다'는 Thank you for 〜로 말한다.

내가 지금 묻잖아. 지금 무슨 말을 하려는 거야?

【사전 점검】 '내가 지금 묻다'는 '현재진행형'으로 표현한다.
'무슨 말을 하려는 거야'라고 묻는 것은 상대방이 하는 말의 '핵심'을 묻는 것이다. point를 이용한다.

I'm asking you, what's the point?

39. comfortable [편안한]

몸의 상태나 마음이 부담 없고 편하다는 의미를 전하는 형용사이다.
물리적인 상황과 추상적인 상황에 모두 다 적용된다.

그 신발 정말 편하겠다.

【사전 점검】 '편하겠다'는 확실한 상태가 아니라 '분명히 편해 보인다'는 느낌을 전한다.
조동사 must가 필요하다.

편히 있어.

【사전 점검】 상대에게 몸과 마음이 편한 상태로 있으라고 말하는 것이다.
상대에게 주도권을 주는 것이므로 Make yourself ~ 형태를 이용한다.

Make yourself comfortable.

40. let [~가 …하는 것을 허락하다, ~가 …하는 것을 내버려 두다]

사역동사라고 해서 뭔가를 '강요'하는 것이 아니라 '허락'의 의미를 갖는 사역동사이다.

내가 너에게 해줄 말이 있어.

【사전 점검】 '말해주다'는 tell이고 '해줄 말이 있다'는 것은 '내가 너에게 말을 해 줄 테니 가만히 내버려 두라'는 의미이다.

내가 집까지 차로 바래다 줄게.

【사전 점검】 '너를 집까지 차로 바래다 주다'는 drive you home으로 간단히 표현한다.
'내가 ~을 할게'는 '내가 ~을 하게 내버려둬라'는 의미이다.

Let me drive you home.

실생활 최고 활용 빈도 표현 대화 TOP 3

1

A: I will stay with you. Are you listening? (35번)
B: Yes.
A: That's what I'm gonna do for you.

A: 당신과 계속 같이 갈 거야. 내 말 듣고 있어?
B: 듣고 있어.
A: 당신을 위해서 내가 그렇게 하겠다는 거야.

2

A: Make yourself comfortable. (39번)
B: It's incredibly important we keep this secret.
Does anyone know you're here?

*incredibly 엄청나게　*keep this secret 이것을 비밀로 지키다

A: 불편해 하지 말아요.
B: 우리 이거 비밀로 해야 돼. 엄청 중요한 문제야.
네가 여기에 온 걸 아는 사람 있어?

3

A: I really don't remember. I was upset. (32번)
B: What happened after you argued with your wife?

A: 난 정말 기억이 안 나요. 그땐 기분이 언짢았어요.
B: 아내와 다툰 이후에 무슨 일이 있었죠?

미드 ⟨Arrow⟩ 속 최고 활용 빈도 표현  TOP 5

1 **Why are you so upset?**
왜 그렇게 기분이 언짢은 거야?

2 **I should have listened to you.**
네 말을 들었어야 했는데.

3 **Let me ask you a question.**
질문 하나 할게요.

4 **May I ask you why?**
이유를 좀 여쭤봐도 되겠습니까?

5 **I'm gonna show you how to have some fun.**
어떻게 하면 즐겁게 놀 수 있는지를 내가 알려줄게.

41. trip [짧은 여행]

특정한 장소에 특정한 목적으로 가게 되는 길지 않은 여행을 가리키는 명사이다.
사업차 가는 출장은 business trip이라고 한다.

정말 아주 짧게 다녀오는 여행이야.

【사전 점검】 '짧은 여행'은 trip만으로도 표현 가능하지만, '아주 짧은'을 강조할 때는
such a short trip이라고 표현한다.

그는 방금 여행에서 돌아왔어.

【사전 점검】 '여행에서 돌아오다'는 return from a trip이라고 한다.
'방금 전'을 말할 때는 just를 활용해서 표현한다.

He has just returned from a trip.

42. notice [알다, 눈치채다, 주목하다]

뭔가를 주목해서 본다는 의미의 동사이다. 그러다 보니 뭔가를 알아차리게 되고
눈치채게 된다는 느낌까지 포함하게 된다.

난 몇 년 전에 이미 눈치챘어.

【사전 점검】 '몇 년 전에'는 a few years ago로 표현한다.
이렇게 과거의 시점이 확실한 경우에는 현재완료를 쓸 수 없다. 과거 시제만 가능하다.

네가 이미 알고 있었는지 모르겠네.

【사전 점검】 '이미 알고 있었다'는 상황에 따라서 '이미 눈치챘다'로도 표현 가능하다.
그래서 '이미 알고 있었는지'는 if you noticed로 표현한다.

I don't know if you noticed.

43. speak [〜을 이야기하다, 대화하다]

단순히 '말하다'가 아니다. 어떤 이야기를 하거나 대화를 한다는 의미이다.
진지하고 형식적인 분위기에서, 또는 대화의 상대가 친하지 않은 상태에서 쓴다.

저하고는 그냥 전화로 얘기하시면 됩니다.

【사전 점검】 '전화로'는 on the phone이며 '저와 얘기하시면'은
정중한 분위기에서의 말이므로 speak to me를 이용한다.

그가 당신 칭찬 많이 하던데요.

【사전 점검】 형식을 차려야 하는 분위기에서 '칭찬을 많이 하다'는 speak highly of로 표현한다.

He spoke highly of you.

44. tell [~을 말하다, ~을 말로 전달하다]

'말하다'나 '대화하다'가 아니라 '~을 말로 일방적으로 전달하다'의 의미를 갖는
타동사이다. 그래서 '~을 명령하다'가 되기도 한다.

말해봐. 네 입으로 말해봐.

【사전 점검】 '말해봐'는 '내게 말해봐'와 같은 의미이다. 그래서 바로 Tell me로 표현한다.
'네 입으로'는 '네 언어로'로 이해해서 표현한다.

나한테 사실대로 말해봐.

【사전 점검】 '사실대로 말하다'는 '사실을 말하다'와 같은 의미이다.
'사실'은 the truth로 표현한다.

Tell me the truth.

45. talk [이야기하다, 대화하다]

speak와 마찬가지로 '대화하다'의 의미를 갖지만 가까운 사이에서의 대화, 또는 내용이
진지하지 않고 편한 대화일 때 사용하는 동사이다.

너하고 꼭 대화를 해야 했어.

【사전 점검】 '너와 대화하다'는 talk to you이며 '너와 대화를 해야 한다'는 have to talk to you이다.
'너와 대화를 해야 했다'는 과거 시제로 바꾼다.

우리 지금 얘기하고 있잖아.

【사전 점검】 '지금 얘기하고 있다'는 현재진행형을 써서 be talking이라고 한다.
talk는 자동사이기 때문에 목적어를 필요로 하지 않는다.

We're talking.

46. **glad** [대단히 기쁜, 반가운]

뭔가로 인해서, 또는 어떤 사람으로 인해서 대단히 기쁘고 즐겁다는 의미를 전하는
형용사이다. 수식용법으로는 쓰지 않는다.

정말 반가워요. 아직도 여기 계시군요.

【사전 점검】 '정말 반갑다'는 be so glad로 표현한다. 형용사를 강조하는 부사로 so가 즐겨 사용된다.
glad 뒤에 바로 이어서 반가운 이유를 적는다.

다 끝나서 정말 기분 좋아.

【사전 점검】 '정말 기분 좋다'는 역시 be so glad를 이용해서 표현한다.
'다 끝났다'는 be over라고 말할 수 있다.

I'm so glad it's over.

47. foolish [어리석은, 바보 같은]

하는 행동이나 말이 정상적이지 않고 판단력이 부족한, 그래서 바보 같고 어리석은 느낌을 준다는 의미의 형용사이다.

내가 탐욕스럽고 어리석었어.

【사전 점검】 과거의 상태를 말한다. '탐욕스러운'은 greedy이다.
그래서 '탐욕스럽고 어리석은'은 greedy and foolish로 표현한다.

바보 같은 짓은 하지마.

【사전 점검】 '바보 같은 짓'은 something foolish, 부정문일 때는 anything foolish로 표현한다.

Don't do anything foolish.

48. mind [꺼리다, 싫어하다; 생각]

사람이나 일, 또는 어떤 상황이나 동작이 신경에 거슬리고 대단히 싫다는 의미를 전하는
동사이다. 또는 '생각' 자체를 나타내기도 한다.

내가 한 번 해봐도 괜찮을까?

【사전 점검】 '~해도 괜찮을까?'는 '만일 ~을 한다면 네가 싫어할까?'의 의미이다.
따라서 Do you mind if ~ 패턴을 이용한다. '한 번 해보다'는 have a go로 표현할 수 있다. a go가 '한 번의 시도'이다.

너 미쳤어?

【사전 점검】 '미치다'는 정상적인 생각의 범주에서 벗어났다는 의미이다.
out of one's mind라고 흔히 표현한다. crazy의 느낌을 완화시킨 표현이다.

Are you out of your mind?

49. expect [예상하다, 기대하다, 기다리다]

어떤 일의 결과를 예상하거나 기대하는 경우, 또는 어떤 사람의 행위를 예상하거나 기다리는 경우에 사용되는 동사이다.

넌 뭘 기대하고 있었는데?

【사전 점검】 '기대하다'는 expect, '기대하고 있다'는 be expecting이다.
시제가 바뀌어 '기대하고 있었다'는 was/were expecting으로 표현한다.

난 그걸 전혀 예상하지 못하고 있었어.

【사전 점검】 '그걸 예상하다'는 expect it이며 '그걸 예상하지 못하고 있었다'는 was not expecting it,
'전혀 ～이 아니다'는 'not at all'을 이용해서 표현한다.

I was not expecting it at all.

50. kind [친절한, 다정한]

남을 대하는 말이나 행동이 다정하고 배려심 깊으며 친절하다고 말할 때 사용하는 형용사이다.

친절한 질문 감사합니다.

【사전 점검】 '친절한 질문'을 격 있게 표현하면 kind inquiry이다.
inquiry가 형식적이고 격을 갖춘 상황에서 활용되는 어휘이다.

이렇게 무한 친절을 베풀어 주시다니.

【사전 점검】 '무한 친절을 베풀다'는 '단순히 친절한 것 이상으로 친절하다'는 의미이다.
이것은 more than kind로 표현한다.

That's more than kind.

실생활 최고 활용 빈도 표현 대화 TOP 3

1

Thatcher: I wanted you to be happy, of course. Were you happy, Denis? Tell me the truth. (44번)

대처 수상: 난 네가 행복하기를 바랬지, 당연히. 데니스, 행복했었니? 솔직하게 진실을 말해보렴.

2

A: How long have you been in Paris?
B: I got in last night. I've done 10 cities in 12 days. I'm wrecked. I'm so glad it's over. (46번)

A: 파리에 온 지는 얼마나 됐어요?
B: 어젯밤에 왔어요. 12일 동안 10개 도시를 다녔어요. 만신창이가 됐어요. 다 끝나니 정말 좋아요.

3

A: It's such a short trip. (41번) No one will even notice I'm gone again, I promise.
B: No! You just got back.

A: 정말 아주 짧게 다녀오는 여행이야. 내가 지금 다시 다녀와도 아마 아무도 눈치 채지 못할 걸, 정말.
B: 안돼! 당신 방금 전에 돌아왔는데 또 무슨 여행.

미드 〈Beyond〉 속 최고 활용 빈도 표현 

1 I don't know what you're **talking** about.
난 네가 지금 무슨 말을 하고 있는 건지 모르겠어.

2 You can **tell** me if you're not okay.
편치 않으면 나한테 말해.

3 I want to **speak** to Frost.
프로스트와 대화를 하고 싶은데요.

4 I'm **glad** he's okay.
걔가 무사히 잘 있다니 정말 기뻐.

5 I feel like I'm losing my **mind**.
내가 미쳐 버릴 것만 같아.

51. lend [빌려주다]

상대방이 필요로 하는 것, 특히 돈이나 도움을 빌려주거나 제공해준다는 의미의 동사이다.

50파운드만 좀 빌려 줄래?

【사전 점검】 상대에게 뭔가를 부탁하는 표현으로 대표적인 것은 Will you ~?이며 '내게 ~을 빌려주다'는
lend me ~ 형태를 이용한다.

그가 아마 우리에게 그 돈을 빌려줄 거야.

【사전 점검】 '아마 ~일 것이다'는 조동사 will로 표현한다.
'우리에게 그 돈을 빌려주다'는 lend us the money이다.

He'll lend us the money.

52. happen [일이 일어나다, 생기다, 발생하다]

어떤 일이 아무런 계획 없이 전적으로 우연에 의해서 생겨난다는 의미의 자동사이다.

이런 일은 아마 다시는 절대로 일어나지 않을 겁니다.

【사전 점검】 '이런 일'은 This로 간단히 처리한다. '절대로 ～이 아닌'은 부사 never로 표현한다.
'절대로 일어나지 않다'는 never happen이다.

너한테는 아무 일 없을 거야.

【사전 점검】 '아무 일 없을 거야'는 '아무 일도 생기지 않을 것이다'로 표현할 수 있다.
대명사 nothing은 '아무 것도 아닌 것'을 뜻한다.

Nothing will happen to you.

53. mean [의미하다, 의도하다]

단어나 문장, 또는 말이 어떤 의미를 갖는다는 뜻을 전하는 동사이며 뭔가를 작정하고
의도한다는 의미도 포함한다.

난 그게 무엇을 의미하는 지 모르겠는데.

【사전 점검】 '그게 무엇을 의미하는 지'는 what that means이다.
의문사가 쓰였어도 그것이 의문문이 아닌 목적 절로 쓰이면 평서문의 형태가 된다.

널 일부러 불쾌하게 하려던 건 아니었어.

【사전 점검】 '너를 불쾌하게 만들다'는 offend you이며 '일부러 ~을 하다'는
mean to ~의 형태로 표현한다.

I didn't mean to offend you.

54. confused [헷갈리는, 혼란스러운 상태에 놓인]

누군가의 말이나 행동, 또는 어떤 결과가 예상했던 것과, 또는 정상적인 것과 달라서 혼란에 빠진 상태를 의미하는 형용사이다.

그땐 내가 혼란스러운 상태였어.

【사전 점검】 '그땐 ~였다'는 것은 '과거 시제'로 표현한다.
'혼란스러운 상태인'은 confused이고 '혼란스러운 상태였다'는 was confused로 표현한다.

그 문제에 대해서는 내가 좀 혼란스러운 기분이야.

【사전 점검】 '~에 대해서 혼란스러운 기분이다'는 feel confused about으로 표현한다.
'좀'은 kind of, sort of 등으로 표현할 수 있다.

I feel kind of confused about it.

55. hurt [아프게 하다, 아프다, 상처를 주다]

물리적으로, 또는 마음에 상처를 준다는 의미의 동사이다.
자동사와 타동사의 의미를 모두 갖는다. 동사의 3단변화는 hurt–hurt–hurt로 변함이 없다.

그는 네게 상처를 주지 않을 거야.

【사전 점검】 '~하지 않을 거야'는 불확실한 추측의 말이다. 조동사 will을 이용해서 표현한다.
'네게 상처를 주다'는 hurt you이다.

배가 아파.

【사전 점검】 '나'를 주어로 하게 되면 '배'의 중요성이 떨어지므로 '배'를 주어로 쓸 수 있어야 한다.
그럴 때는 문장의 의미가 적극성을 띤다.

My stomach hurts.

56. leave [떠나다, 어떤 상태로 두다(13번 alone 참고)]

어떤 자리를 떠나거나 사람을 떠난다고 말할 때 사용하는 동사이다.
떠난다는 것은 그 물건이나 사람을 어떤 상태로 남겨둔다는 의미와도 일치한다.

TRANSFORMERS: AGE OF EXTINCTION

언제든 떠나도 좋아요.

【사전 점검】 '언제든'은 anytime이고 '~해도 좋다'는 것은 '~하는 것을 환영하다'의 느낌이다.
따라서 be welcome to의 형태로 표현한다.

A GOOD WOMAN

난 아직 떠날 준비가 되어 있지 않은데.

【사전 점검】 '준비가 된 상태인'은 ready, '~을 하기로 준비 된 상태인'은 ready to로 표현하고
'떠날 준비가 된 상태이다'는 be ready to leave이다.

I'm not ready to leave.

57. easy [쉬운, 용이한]

행동이나 움직임이, 또는 어떤 일을 해내기가 수월하고 쉽다는 의미의 형용사이다.
따라서 '편안한' 의 느낌으로도 활용된다.

이게 분명 그렇게 쉽지는 않을 거야.

【사전 점검】 '분명 ~일 것이다'는 '확실한 미래'를 말하므로 be going to를 이용한다.
'그렇게 쉬운'은 단순히 easy가 아니라 that easy로 표현한다.

그건 식은 죽 먹기야.

【사전 점검】 '식은 죽 먹기'는 very easy에 해당되지만 이것을 관용표현으로는 easy as pie라고 한다.
'파이를 먹는 것처럼 쉬운'의 의미이다.

It's easy as pie.

58. rumor [소문]

당사자가 아닌 제 3자에게 이야기 들었거나 사실이 확인되지 않은 단순한 '소문', 또는 '풍문' 을 의미하는 명사이다.

소문 들었어.

【사전 점검】 '~을 들었다'는 동사 hear의 과거형인 heard를 이용한다.
'소문으로 들었다'는 '소문을 들었다'는 말이므로 heard a rumor라고 한다.

아주 흥미진진한 소문이 떠돌아다니고 있어.

【사전 점검】 '흥미진진하게 재미있는'은 juicy이며 '소문이 돌아다니다'는 go around로 표현한다.
'돌아다니는 소문'은 a rumor going around이다.

There's a juicy rumor going around.

59. imagine [상상하다, 생각하다]

뭔가의 이미지(형상)을 머리 속에 그리며 상상한다는 의미의 동사이다.
think와는 속 뜻이 다르다.

 A BEAUTIFUL MIND

상상했던 것처럼 생겼어요, 저?

【사전 점검】 '외모가 ~처럼 보이다'는 look like ~로 표현한다. '상상했던 것처럼'을 주어가 I인 상태로 말하려면
'상상된 것처럼'으로 바꾸어 be imagined로 표현한다.

 AMERICAN HUSTLE

상상이 돼요?

【사전 점검】 '상상이 되다'를 imagine만으로 가볍게 처리할 수 있다.
'상상이 돼요?'는 '상상할 수 있겠어요?'의 느낌이다. 조동사 can을 이용한다.

Can you imagine?

60. interest [관심]

사물이나 사람, 또는 특정한 '일', '사건' 등에 갖게 되는 관심을 의미하는 명사이다.

패션에 대한 관심이 아주 결정적이죠.

【사전 점검】 여러 관심 중에 특히 '패션에 대한 관심'은 an interest in fashion으로 표현한다.
'대단히 결정적인'의 의미로 crucial을 쓴다.

그 스캔들에 대한 관심이 급속히 사라졌어.

【사전 점검】 '그 스캔들에 대한 관심 자체'를 말할 때는 interest in the scandal이라 한다.
'급속히'는 quickly, '사라지다'는 fade를 이용한다.

Interest in the scandal quickly faded.

실생활 최고 활용 빈도 표현 대화 TOP 3

1
A: An interest in fashion is crucial. (60번)
B: What makes you think I'm not interested in fashion?

A: 패션에 대한 관심은 당락에 아주 결정적인 역할을 해요.
B: 왜 제가 패션에 관심이 없다고 생각하시죠?

2
A: He won't hurt you. (55번)
B: I know.
A: Come on, Pluto.

A: 괜찮아. 안 물어.
B: 알아요.
A: 이리 와, 플루토.

3
A: Leon's coming down today, did you know?
B: I heard a rumor. (58번)

A: 리온이 오늘 내려온데. 너 알고 있었어?
B: 소문 들었어.

미드 〈Big Bang Theory〉 속 최고 활용 빈도 표현 TOP 5

1
I'll tell you what happened.
무슨 일이 있었는지 말해줄게.

2
You seemed confused.
너 혼란스러워하는 것 같던데.

3
Leave me alone.
나 혼자 있게 내버려 둬.

4
It's not all that easy to find.
찾는 게 그렇게 쉽지 않아.

5
Imagine how I'm feeling.
지금 내 기분이 어떨지 상상이나 좀 해봐.

61. hate [몹시 싫어하다]

어떤 말이나 행동, 또는 사람을 대단히 싫어한다는 의미의 동사이다.
강력한 느낌을 전하기 때문에 당사자 앞에서는 사용을 금하는 게 좋다.

가끔 정말 되게 미워 너.

【사전 점검】 '가끔'은 sometimes이며 '정말 몹시'는 really로 간단히 처리한다.
'~을 되게 미워하다'가 바로 hate이다.

너 그거 되게 싫어할 텐데.

【사전 점검】 '~일 텐데'의 의미를 갖는 어휘는 조동사 would이다.
가정법의 느낌을 살려서 이해한다.

You would hate it.

62. drink [마시다, 술을 마시다]

물이나 음료를 마신다 거나 특히 술을 마신다는 의미로 사용하는 동사이다.

넌 이제 합법적으로 술을 마실 수 있어.

【사전 점검】 '합법적으로'는 legally이며 이 문장에서 '~을 할 수 있어'는 '~이 허용된 상태이다'의 뜻이다.
be allowed to ~ 형태를 이용한다.

난 술 못 마셔.

【사전 점검】 '술 못 마셔'는 '평소에 술을 마시지 않는다'는 의미이다.
따라서 현재 시제를 이용하여 don't drink로 표현한다.

I don't drink.

63. smart [똑똑한, 영리한]

지적이고 분별력 있으며 합리적인 사고를 갖고 있다는 의미의 형용사이다. 흔히 '똑똑한'으로 해석한다.

엄마는 정말 똑똑한 여성이었어요.

【사전 점검】 '엄마'는 mama, 또는 mommy라고 한다. '정말 똑똑한'은 really smart로 표현하며 '여성'은 lady이다.

그녀는 똑똑해. 박식하고.

【사전 점검】 '박식하다'는 것은 책을 많이 읽어서 알고 있는 지식이 많다는 의미이며 well-read로 표현한다.

She's smart, she's well-read.

64. cruel [잔인한]

의도적으로 타인에게 해를 끼쳐 그들의 마음을 아프게 하거나 물리적으로 타격을 줄 정도로 잔인하다는 의미의 형용사이다.

나는 잔인한 남자들한테 끌려.

【사전 점검】 '어딘가에, 또는 누군가에 끌리는'을 뜻하는 형용사는 attracted이며 '~에게 끌리다'는 be attracted to로 표현한다.

너 지금 왜 그렇게 잔인하게 구는 거야?

【사전 점검】 '잔인하다'는 be cruel, '지금 잔인하게 굴다'는 be being cruel로 표현한다. '그렇게 잔인한'은 so cruel이다.

Why are you being so cruel?

65. stair [계단]

건물의 층과 층 사이를 잇는 계단을 의미하는 명사이다. 흔히 복수형인 stairs로 사용된다.

 I DON`T KNOW HOW SHE DOES IT

난 그냥 계단으로 갈게.

【사전 점검】 '계단으로 갈게'는 '계단을 이용하다'의 의미와 같다.
take the stairs로 표현한다. '그냥'은 just이다.

 MISSION: IMPOSSIBLE III

계단 맨 위에서 왼쪽으로 가.

【사전 점검】 '계단 맨 위'는 the top of the stairs로 표현한다.
'왼쪽으로 가'는 make a left, turn left 등으로 표현한다.

Make a left at the top of the stairs.

66. bad [나쁜, 형편 없는, 상한]

정상적인 상태에서 질이 좋지 않은 상태로 바뀐 모습을 나타내는 형용사이다.
그래서 '나쁜'의 뜻이 된다.

나 상한 피자를 먹었어.

【사전 점검】 '먹었다'는 eat의 과거이므로 ate라 한다. 철자를 정확히 기억해야 한다.
정해지지 않은 피자의 양인 some과 함께 '상한 피자'를 표현한다.

기분 정말 나쁘네.

【사전 점검】 '기분이 나쁘다'는 feel bad로 간단히 표현한다.
'기분'에 관계된 표현들은 거의 feel과 함께 쓰인다. '정말'은 really이다.

I feel really bad.

67. sure [확신하는]

어떤 상황이나 결과가 아직 사실로 밝혀지지는 않았지만 정황으로 보아 분명히 어떨 것이라고 확신한다는 의미의 형용사이다.

분명히 네가 그걸 아마 마음에 들어 할 거야.

【사전 점검】 '분명히 ~일 거야'는 '내가 그것을 확신한다'는 느낌이다. I'm sure ~ 형태로 표현한다.
'아마 그걸 마음에 들어 할 것이다'는 will like[love] it 정도가 좋다.

그녀가 여기에 와 있는지는 확실히 모르겠어.

【사전 점검】 '~인지 (아닌지)'는 if로 표현하며 '확실히 모른다'는 be not sure이다.
'그녀가 여기에 와 있다'는 she is here로 표현한다.

I'm not sure if she's here.

68. quiet [조용한, 말 수가 적은]

분위기가 조용하거나 말이 없어서 조용한 경우를 모두 포함하는 형용사이다.
부사인 quite와 발음, 그리고 철자를 혼동하지 않도록 주의한다.

LITTLE MISS SUNSHINE

쟤 진짜 말이 없네.

【사전 점검】 '말이 없다'는 quiet, '진짜 말이 없다'는 really quiet으로 표현한다.
같은 의미의 무거운 단어로는 reticent가 있다.

WHAT LIES BENEATH

그가 오늘밤엔 그냥 계속 안정을 취할 수 있게 해주서요.

【사전 점검】 '누군가가 계속 안정을 취하게 하다'는 keep somebody quiet의 형태로 표현한다.
'그냥'은 just면 좋다.

You just keep him quiet tonight.

말이나 행동, 또는 어떤 일의 가정이나 결과가 거짓으로 꾸며낸 것이 아니라 사실이고
진실이라는 의미의 형용사이다. 명사형은 truth이다.

진정한 사랑은 평생 가는 거야.

【사전 점검】 '진정한 사랑'은 true love이며 '평생 간다'는 '평생 지속되다'이다.
'지속되다'는 동사 last로 표현하며 '평생'은 lifetime이다.

그게 사실이야?

【사전 점검】 '그게'는 상대방의 말을 받아서 '바로 그 말'의 의미를 전하므로 that로 표현한다.
간단한 문장일수록 억양에 신경 써서 발음해야 한다.

Is that true?

70. perfect [완전한, 완벽한]

이론적으로나 논리적으로, 또는 실질적으로 빈틈없이 완벽하고 완전하다는 의미의 형용사이다.

그게 네게는 완벽한 상황이야.

【사전 점검】 '완벽한 상황'은 perfect situation으로 표현한다.
'네게는'은 '너를 위해서' 정도의 의미이다. for you가 좋다.

건강상태가 완벽하군.

【사전 점검】 '건강상태'를 말할 때는 in health로 표현할 수 있다.
'완벽한 건강상태에 있는'은 in perfect health라고 한다.

You're in perfect health.

실생활 최고 활용 빈도 표현 대화 TOP 3

1

A: I can get you a beer.
B: I know, but I don't drink. (62번)

A: 맥주 한 병 가져다 줄 수 있는데.
B: 알지, 하지만 난 술 안 마시잖아.

2

A: Uncle Frank's here. We can't have you sleeping alone. The doctor said. You'll get along fine. (to Frank) He's really quiet. (68번)

A: 프랭크 삼촌 오셨다. 널 혼자 자게 둘 수는 없어. 의사선생님이 그러셨어. 삼촌하고 잘 지낼 수 있을 거야. (삼촌에게) 애가 원래 정말 말이 없어요.

3

A: Well, then, I think I'll just take the stairs. (65번)
B: Good cardio.

A: 그렇다면 그냥 저는 계단을 이용해야겠어요.
B: 유산소 운동으로는 아주 좋지.

미드 ⟨Big Little Lies⟩ 속 최고 활용 빈도 표현 TOP 5

1 **I'm not exactly sure.**
내가 완전 확신하는 건 아니야.

2 **Teenagers aren't that bad.**
10대 청소년들이 그 정도로 막 나가지는 않아.

3 **You're kind of quiet.**
네가 오늘 좀 말이 없네.

4 **You hate those things.**
너 그런 거 정말 싫어하잖아.

5 **You're too smart for me.**
넌 내가 감당하기에는 너무 똑똑해서 안 되겠어.

71. afford [여유나 형편이 되다]

경제적으로나 시간적으로, 또는 분위기상 형편이 된다는 의미의 동사이다.
보통 can't와 함께 사용된다.

SENSE AND SENSIBILITY

1분도 지금 허비할 여유가 없어.

【사전 점검】 '나는 ~할 여유가 없다'는 I can't afford to ~의 형태로 표현한다.
'허비하다'는 동사 lose의 의미이다.

SOMETHING BORROWED

넌 까탈부릴 형편이 안돼 지금.

【사전 점검】 '까탈부리다'는 be picky로 표현한다.
성격이 까다롭거나 별스러울 때 사용하는 형용사가 picky이다.

You can't afford to be picky.

72. stay [머물다, 유지하다]

물리적으로 어떤 장소에 머무는 경우와 어떤 상태를 계속 유지하는 경우를 모두 포함하는
동사이다.

우리는 거기에 오래 머물지 않을 거야.

【사전 점검】 '거기에 머물다'는 stay there로 표현한다. there는 부사로서 '거기에'의 뜻이다.
'오래'는 단지 long이라 한다.

그는 항상 이렇게 늦게 들어와요?

【사전 점검】 '늦게 들어오다'는 '늦게까지 밖에 머물다'의 의미이다.
stay out late라 표현하고 '이렇게 늦게'는 this late이다.

Does he always stay out this late?

73. help [도움이 되다, 도와주다]

물리적으로, 또는 정신적으로 도움을 주거나 도움이 된다는 의미의 동사이다.
자동사와 타동사의 의미를 모두 갖는다.

그거 도움 될 거야.

【사전 점검】 '도움이 될 거야'는 도움이 되었으면 좋겠다는 '기대감'의 표시이다.
그럴 때는 조동사 should를 이용한다.

내가 널 뭘 어떻게 도와주면 될까?

【사전 점검】 '도와주면 될까?'는 나의 의지를 상대에게 '허락' 받거나 '가능성'을 타진하는 표현이다.
이럴 때는 조동사 can을 이용한다.

How can I help you?

74. date [데이트, 날짜]

특정한 날짜나 남녀간의 데이트를 말할 때 사용하는 명사이다.
데이트는 특별한 날짜를 잡고 하는 것이므로 '날짜'와 연관성이 있다.

 THE ACCIDENTAL HUSBAND

그건 소개팅이었어.

[사전 점검] '소개팅'은 서로 얼굴을 모르는 상태에서 만나 시간을 보내는 것이므로 blind date라고 칭한다.

 STILL ALICE

오늘 며칠이야?

[사전 점검] '오늘 며칠'은 '오늘의 날짜'를 의미한다. 그래서 today's date라고 표현하기도 하고
What's the date today?라고 말하기도 한다.

What's today's date?

75. worry [걱정하다, 걱정시키다]

자동사의 의미인 '걱정하다' 뿐 아니라 타동사로서 '걱정시키다', '걱정하게 만들다' 등의
의미로도 빈번히 사용되는 동사이다.

난 개가 걱정돼.

【사전 점검】 '걱정되다'는 be worried로 표현한다. '~이 걱정되다'는 be worried about ~의 형태가 된다.
전치사 다음에는 목적격이 온다.

걱정할 거 하나 없어.

【사전 점검】 '하나 없다'는 be nothing으로 표현하고 '걱정할 거 없음'은 nothing to worry라고 한다.

There's nothing to worry.

76. reason [이유, 원인]

어떤 일이 발생한 이유나 원인, 또는 어떤 일을 해야 하는 이유를 말할 때 사용하는 명사이다.

THE SHAWSHANK REDEMPTION

그 이유 뿐이었겠어?

【사전 점검】 '유일한' , '～뿐인'은 형용사 only로 표현한다.
'그 이유 뿐'은 '유일한 이유'에 해당되어서 only reason이라고 한다.

NOW YOU SEE ME II

나도 그럴만한 이유가 있었어.

【사전 점검】 '그럴만한 이유'는 그저 reason만으로 충분히 설명된다.
'이유가 있다'를 원어민들은 '이유를 가지고 있다'로 표현한다.

I had a reason.

77. difference [차이, 다름, 영향]

두 개의 상황이나 물건, 또는 사람 사이의 차이점을 말할 때 사용하는 명사이다.
차이를 생기게 한다는 데에서 '영향' 이라는 의미까지 확장될 수 있다.

차이가 있긴 있는 거야?

【사전 점검】 '있긴 있다'는 '있다'를 강조한 말이므로 difference를 발음할 때 강약으로 처리한다.
'차이가 있다'는 건 '차이가 있는 상태'를 의미한다.

그렇게 한다고 뭐가 달라지는데?

【사전 점검】 '뭐가 달라지는가'는 '어떤 차이를 만드는가'의 뜻이다.
make difference가 '영향을 주다' , '차이를 만들다' 등의 의미이다.

What difference does that make?

78. anxious [불안해 하는, 간절히 바라는]

뭔가로 인해서 몹시 걱정하고 불안해 하거나 뭔가를 간절히 바란다는 의미의 형용사이다.

거기에 가는 걸 내가 그렇게 까지 간절히 바라진 않아.

【사전 점검】 '간절히 바라다'는 be anxious이고 '그렇게 까지 간절히 바라다'는
be that anxious로 표현한다.

그것 때문에 슬프거나 불안하거나 그래?

【사전 점검】 '그것 때문에'는 '그것이 ~하게 만든다'는 의미이다.
결국 '그것이 당신을 슬프거나 불안하게 만든다'로 표현한다.

Does that make you sad or anxious?

79. change [변하다, 변하게 하다, 교체하다]

자동사로 쓰일 때는 저절로 '변하다'의 의미가 되며 타동사로 쓰면 의도적으로 '바꾸다'가 되고 때로는 다른 것으로 '교체하다'의 의미로도 해석된다.

TRANSFORMERS: AGE OF EXTINCTION

역사가 이제 막 변화할 시점이라고 생각합니다.

【사전 점검】 '이제 막 변화할 시점이다'는 '이제 막 변하려고 한다'로 표현한다.
'이제 막 ~하려고 하다'는 be about to ~로 표현한다.

WARM BODIES

필름을 좀 갈아 끼울게요.

【사전 점검】 '좀'은 just로 표현하고 '필름을 갈아 끼우다'는 '필름을 교체하다'의 뜻이기 때문에 change the film으로 표현한다.

I'm just going to change the film.

80. bring [가지고 오다, 가져다 주다, 데리고 오다]

물건이나 사람을 어떤 장소로 가져오거나 데려 올 때 사용하는 동사이다.

내가 뭘 좀 가져다 줄까?

【사전 점검】 '너에게 가져다 주다'를 말할 때는 take you가 아니라 bring you로 표현한다.
'뭘 좀'은 단순히 something이라 한다.

라스베가스에는 무슨 일로 왔어요?

【사전 점검】 '어느 장소에 왜 왔는가'를 물을 때는 '무엇이 당신을 이 장소에 데리고 왔는가?'로 묻고
흔히 현재 시제를 이용한다.

What brings you to Las Vegas?

실생활 최고 활용 빈도 표현 대화 TOP 3

1

A: I'm worried about him. (75번) He looks terrible.
B: The boy's saying he doesn't need a doctor.

A: 저 아이 걱정돼요. 안색이 형편 없어요.
B: 자긴 의사가 필요 없다잖아.

2

A: What brings you to Las Vegas? (80번)
B: I came here to drink myself to death.

A: 라스베가스에는 왜 오셨어요?
B: 술 마시다가 죽으려고 왔어요.

3

A: It was a blind date. (74번)
B: Oh?
A: Yeah, yeah, we were fixed up.

A: 소개팅이었어.
B: 그래?
A: 그래. 서로 소개 받은 거였어.

미드 〈Billions〉 속 최고 활용 빈도 표현 

1 That makes a difference?
그런다고 뭐 달라지는 거 있어?

2 What can I help you with?
내가 뭘 도와줄 수 있을까?

3 Not sure what you're worrying about.
네가 지금 뭘 걱정하는지 모르겠어.

4 You should stay and listen to me.
더 있다가 내 말 듣고 가.

5 Don't give me a reason.
나한테 이유 같은 거 대지 마.

81. miss [놓치다, 빠지다, 그리워하다]

있어야 할 것이 없거나 필요한 것을 놓쳤을 때, 그래서 그것이 그립고 보고 싶을 때
사용하는 어휘이다.

그동안 정말 보고 싶었어.

【사전 점검】 '그동안'은 현재완료 문법의 의미로 처리한다. 과거부터 지금까지 계속되는 시점이 현재완료이다.
'~이 정말 보고 싶다'는 miss로 표현한다.

우리가 지금 핵심을 놓치고 있어.

【사전 점검】 '핵심'은 point, '핵심을 놓치다'는 miss the point로 표현한다.
'우리가 지금 놓치고 있어'는 진행형으로 말한다.

We're missing the point.

82. guess [짐작하다, 추측하다]

어떤 정황이나 정보를 통해서 확실하지는 않지만 뭔가를 추측한다는 의미의 동사이다.

짐작하건대 내가 두 배는 더 열심히 일하고 있을 것 같은데.

【사전 점검】 '두배는 더 열심히'는 twice as hard로 표현한다.
'~을 하고 있을 것 같다'는 '미래 진행'으로 표현한다. 'will be + 진행형'의 형태이다.

내가 맞춰 볼게.

【사전 점검】 '맞춰 보다'는 정확한 답을 말하겠다는 것이 아니라
'잘은 모르겠지만 답에 가까운지 한번 짐작해보겠다'는 의미이다.

Let me guess.

83. explain [설명하다]

어떤 사실이나 상황, 또는 사건에 대해서 그 내용을 정확하게 설명한다는 의미의 동사이다.
자동사와 타동사의 의미를 모두 포함한다.

때 되면 내가 다 설명해 줄게.

【사전 점검】 '때 되면'은 '시기적으로 내가 뭔가를 할 수 있을 때가 되면'의 뜻이다.
when I can으로 표현한다.

그건 내가 어떻게 설명할 수가 없어.

【사전 점검】 '~을 설명하다'는 explain, '그것을 설명하다'는 explain it으로 표현한다.
'~을 할 수가 없다'는 '능력'이나 '가능성'을 말한다. can이다.

I can't explain it.

84. pretend [~인 척하다]

사실은 그렇지 않은 데 그것이 사실인 척 말하거나 행동한다는 의미의 동사이다.

그 질문은 저한테 안 하신 걸로 할게요.

【사전 점검】 '그 질문을 저한테 하다'는 *ask me that*으로 표현하며 '~을 안 한 걸로 한다'는 것은
'안 한 척한다'는 의미이다.

당신 지금 완전 연기하는 거잖아.

【사전 점검】 '지금 연기하고 있다'는 것은 사실은 그렇지 않은데 '지금 그런 척 하고 있다'는 의미와 같다.

You're pretending.

85. desperate [절망적인, 자포자기한]

희망이 사라진 상태에서 절망하거나 자포자기한다는 의미의 형용사이다. 그렇기 때문에
자포자기하는 심정으로 뭔가를 간절히 원한다는 의미도 포함한다.

정말 절망적이었겠어요.

【사전 점검】 '절망적이었겠어요'는 '절망적이었음에 틀림 없다'로 표현한다.
'must have +과거분사' 형태를 이용한다. '절망적이다'는 feel desperate로, 절망적인 기분이 계속 이어지고 있음을
강조하기 위해서는 be feeling desperate로 표현한다.

난 이제 서서히 자포자기하고 있어.

【사전 점검】 '서서히 뭔가를 하고 있다'는 것은 '뭔가가 이제 시작되고 있다'는 의미이다. be starting to로 표현한다.
'자포자기하다'는 get desperate이다.

I'm starting to get desperate.

86. name [이름을 지어주다]

누군가에게 이름을 주는 경우이다. 그래서 '~라고 이름을 지어주다'로 이해한다.

걔는 아빠 이름을 따서 이름 지었어요.

【사전 점검】 '아빠 이름을 따서'는 after one's daddy로 표현한다.
'이름을 짓다'는 '내가 이름을 지어주다'의 의미로 쓰이고 있다.

애 이름을 리키 마틴으로 지었다고요?

【사전 점검】 '애'는 상황에 따라서 baby, 또는 child라고 쓴다. '지었다고?'는 이미 지었다는 사실을 들은 후에
확인 차 묻는 경우이다. 이럴 때는 평서문으로 쓰고 말꼬리를 올려 의문문화 시킨다.

You named your child Ricky Martin?

87. correct [정확한, 맞는, 올바른]

답이 정확하고 옳다는 의미의 형용사이다. 옳고 그름을 말할 때 '옳은' 의 뜻을 전하는 right와는 다르다. correct는 '전혀 틀림 없이 정확하다' 는 뜻이다.

이거 아주 정확한데.

【사전 점검】 '아주 정확하다'는 것은 '전혀 틀림이 없이 정답이나 사실과 딱 맞아떨어진다'는 의미이다. correct만으로 표현 가능하다.

지금 내 시계가 정확한 거야?

【사전 점검】 '시계가 정확하다'는 것은 '1분 1초도 빠르거나 느리지 않고 빈틈없이 시간이 정확히 맞는다' 는 의미이다. correct이다.

Is my watch correct?

88. prepared [준비가 되어 있는 상태인]

어떤 일이나 계획에 필요한 준비가 완전히 되어 있는 상태를 의미하는 형용사이다.
때로는 '마음의 준비가 되어 있는'의 의미를 전하기도 한다.

나는 밤 샐 준비가 되어 있었어.

【사전 점검】 '~을 할 준비가 되어 있다'는 be prepared to ~로 표현한다.
'밤을 새다'는 stay up all night이다. stay up는 '계속 깬 상태로 있다'이다.

마음의 준비 단단히 해둬라.

【사전 점검】 '준비를 단단히 하다'는 '준비가 대단히 잘 된 상태로 있다'의 의미이다.
prepared만으로 표현 가능하다.

Be prepared.

89. admit [~을 인정하다, 시인하다]

어떤 사실을 인정하거나 시인한다는 의미의 동사이다. 자동사와 타동사의 의미를 모두 갖는다.

내가 제일 먼저 인정할게.

【사전 점검】 '내가 제일 먼저 ~을 할 것이다'는 I'll be the first to ~의 형태를 이용해서 표현한다.
'인정하다'가 자동사로 쓰이는 경우이다.

그건 인정하세요. 그녀는 절대 다시는 걷지 못할 거에요.

【사전 점검】 '그건 인정하다'는 '인정하다'가 타동사로 쓰이는 경우이다.
'절대 다시는 걷지 못할 것이다'는 will never walk again이다.

Admit it. She'll never walk again.

90. forgive [~을 용서하다]

누군가 옳지 않은 행위를 했을 때 그 행위를 당한 당사자가 그 행위를 한 사람을 용서한다는 의미의 동사이다.

우릴 용서해주기를 바래요.

【사전 점검】 '바래요'는 '희망한다'는 의미이다. '우릴 용서해주다'는 forgive us이다.
hope는 목적절에서 주로 미래 시제를 받는다.

그는 자기 자신을 절대 용서 못할 거야.

【사전 점검】 '자기 자신'은 himself이고 '자기 자신을 용서하다'는 forgive himself이다.
'절대 ~이 아닌'은 never로 표현한다.

He'll never forgive himself.

실생활 최고 활용 빈도 표현 대화 TOP 3

1

A: I've missed you. (81번) I've been going completely doolally up here.
B: This is my sister, Cecilia. Paul Marshall.

A: 그 동안 보고 싶었어. 여기에서 완전 미치는 줄 알았다니까.
B: 내 동생 씨실리아야. 여긴 폴 마샬.

2

A: I'll paint portraits again.
B: Admit it. She'll never walk again. (89번)

A: 난 다시 초상화를 그릴 거야.
B: 인정해요. 따님은 절대로 다시 걷지 못할 거에요.

3

A: I don't believe this is happening.
B: I can't explain it. (83번)

A: 이런 일이 일어난다는 게 난 믿어지지 않아.
B: 내가 그걸 지금 설명할 수는 없는데.

미드 〈Brothers and Sisters〉 속 최고 활용 빈도 표현 TOP 5

1. Guess that explains that.
그 말을 들으니 왜 그런 상황이었는지 알 것 같아.

2. Don't pretend you didn't see it.
그걸 못본 척하지 마.

3. I'm missing you badly.
난 지금 당신이 몹시 그립고 보고싶어.

4. I guess I shouldn't have hit him.
내가 걔를 때리지 말았어야 했나 봐.

5. You can't do it unless you're prepared.
네가 준비되어 있지 않으면 그걸 할 수 없는 거야.

91. accident [우연한 사고, 우연]

우연히 일어난 자동차 사고를 말할 때 주로 사용되는 명사이다. 또는 '우연' 그 차제의 의미로 쓰이기도 한다.

가벼운 교통사고가 좀 있었어.

【사전 점검】 '가벼운 교통사고'는 '정도가 약한 교통사고를 의미한다. a little accident로 표현한다.
'있었다'를 영어에서는 '가졌다'로 표현한다.

우연이라는 건 없어.

【사전 점검】 '우연'은 an accident, '우연이라는 건'은 such thing as an accident로 표현한다.
'그런 건'을 흔히 such thing이라 한다.

There is no such thing as an accident.

92. proud [자랑스러운, 자부심을 갖는]

타인, 또는 스스로의 행위나 마음 씀씀이로 인해서 자랑스럽거나 자부심이 느껴진다는
의미를 전하는 형용사이다.

정말 큰 자부심이 느껴집니다.

【사전 점검】 '자부심이 느껴지다'는 feel proud로 표현한다.
'정말 큰'은 very만으로 표현 가능하다. 결국 feel very proud라 한다.

네가 정말 자랑스러워.

【사전 점검】 '네가 자랑스럽다'는 be proud of you이다. '정말'은 very, 또는 so로 표현한다.
I am은 상황에 따라 생략 가능하다.

So proud of you.

93. get [가지고 오다, 사가지고 오다, 가져다 주다]

어떤 물건을 가지고 오는 '운반'의 개념은 bring이지만 '소유'의 개념은 get으로 표현한다.
그래서 get에 '사가지고 오다'의 의미가 포함된다.

가서 카푸치노 한 잔 사올까요?

【사전 점검】 '~을 할까요?'의 정중한 느낌은 Shall I ~? 패턴을 활용한다.
'가서 ~을 사오다'는 go get ~으로 표현한다.

가서 (술/음료) 한 병만 좀 가져다 줘.

【사전 점검】 '가서 ~을 가져다 줘'는 '가서 ~을 나에게 가져다 줘'의 의미이다.
go get me ~의 형태로 표현한다. '한 병'은 a bottle이다.

Go get me a bottle.

94. pleasure [기쁨, 즐거움, 즐거운 일]

'기쁨', '즐거움' 등의 의미로 쓰일 때는 추상명사라서 부정관사가 붙지 않지만
'즐거운 일'의 의미일 때는 붙게 된다.

정말 기분 좋아요!

【사전 점검】 흔히 '기분 좋은 일'로 표현하는 문장이다. 감탄사를 이용한다.
pleasure가 명사이므로 What를 이용해서 감탄한다.

이렇게 알게 되어서 기쁘군요.

【사전 점검】 '~이 기쁘군요'는 '~이 기쁜 일이다'의 의미이다. a pleasure를 표현한다.
'알게 되다' 는 make one's acquaintance라 한다.

It's a pleasure to make your acquaintance.

95. have [~을 먹다, ~을 마시다]

일반 상태동사로 쓰일 때는 '~을 가지고 있다'이지만 '~을 먹다', '~을 마시다' 등의
동작동사의 의미로도 흔히 사용된다.

가서 그와 함께 저녁을 먹도록 해.

【사전 점검】 '저녁을 먹다'는 eat dinner, 또는 have dinner를 쓴다.
'가서 ~을 먹다'는 go and have ~, 또는 go have로 표현한다.

나 그와 함께 점심을 먹고 있었어.

【사전 점검】 '~을 먹고 있었다'는 was eating ~, was having ~ 형태로 표현한다.
아침, 점심, 저녁 등의 식사 앞에는 부정관사 a를 붙이지 않는다.

I was having lunch with him.

96. barely [가까스로, 거의 ~이 아니게]

어떤 일이 일어날 가능성이 거의 없다는 의미의 부사이다.
부정적인 의미를 전달하는 어휘는 그 활용에 특히 신경 써야 한다.

 THE ACCIDENTAL HUSBAND

넌 지금 거의 숨을 쉴 수도 없는 상황이잖아.

[사전 점검] '~할 수 없는 상황이다'는 '가능성'을 말한다.
조동사 can이나 could를 이용한다. '거의 숨을 쉬지 못한다'는 barely breathe로 표현한다.

 THE FAULT IN OUR STARS

난 당신을 거의 모르는 걸요.

[사전 점검] '당신을 모른다'는 don't know you, '당신을 거의 모른다'는 don't
대신에 barely를 넣어서 표현한다.

I barely know you.

97. advice [충고]

힘에 겨워하는 사람에게 힘이 되는 말, 즉, '충고'나 '조언'의 의미로 사용되는 명사이다.
셀 수 없는 명사이기 때문에 an advice라고는 말하지 않는다.

내가 충고 약간 해줄게.

【사전 점검】 '~을 해줄게'를 상대의 입장에서 부드럽게 표현할 때는 Let me를 이용한다.
'충고 약간'은 '약간의 충고' 즉, a little advice이다.

난 네 충고가 필요하단 말이다.

【사전 점검】 '필요하단 말이야'는 '필요하다'로 간단하게 표현한다.
need이다. '네 충고'는 your advice이다.

I need your advice.

98. wrong [틀린, 잘못된, 부적절한]

뭔가가, 또는 사람의 말이나 행동이 옳지 않거나 잘못되었다는 의미의 형용사이다.
그러다 보니 '부적절한'의 의미까지 포함한다.

그건 전혀 이상 없는데.

【사전 점검】 '이상이 없다'는 '틀리거나 잘못된 점이 없다'는 의미이다.
nothing wrong으로 표현한다. '～에 이상이 없다'는 nothing wrong with ～이다.

날 오해하지 마.

【사전 점검】 '나를 오해하다'는 '나를 잘못 받아들이다'의 의미이다. get me wrong,
또는 take me the wrong way로 표현한다.

Don't get me wrong.

99. mistake [실수, 잘못]

의도적이 않은 잘못된 행동이나 말로 인해서 생긴 실수, 또는 잘못을 의미하는 명사이다.

A BEAUTIFUL MIND

네가 실수한 거야.

【사전 점검】 '실수하다'를 그들은 '실수를 만들다'로 표현한다. make a mistake이다.
특정한 실수를 지칭하는 것이 아니면 make mistakes 복수형을 쓴다.

CHANCES ARE

너 지금 심각한 실수를 저지르고 있는 거야.

【사전 점검】 '심각한 실수'는 serious mistake, grave mistake 등으로 표현한다.
'저지르고 있다'는 '지금 실수하고 있다'는 의미이다.

You're making a grave mistake.

100. survive [~을 견뎌내다, 생존하다, 살아남다]

어려운 사람, 또는 상황 앞에서 그것을 극복하고 견뎌낸다는 의미의 타동사이다.
그런가 하면 자동사로 쓰여서 역경을 뚫고 '생존하다'의 의미도 포함한다.

THE DEVIL WEARS PRADA

너는 절대 그녀를 견뎌내지 못할 거야.

【사전 점검】 '그녀를 견뎌내다'는 survive her로 표현한다.
'절대 ~을 못할 거야'는 will never ~의 형태를 이용한다.

THE SWEET HEREAFTER

그 가족이 어떻게 살아갈까?

【사전 점검】 '살아갈까'는 '힘든 상황 속에서 생존해 나가다'의 의미이다.
survive만으로 표현 가능하다.

How does the family survive?

실생활 최고 활용 빈도 표현 대화 TOP 3

1
A: You're kidding. Well, that's too bad. You'll never survive Miranda. (100번)
B: Excuse me?

A: 말도 안돼. 정말 안됐네요. 당신은 절대 미란다를 견뎌내지 못할 거에요.
B: 예? 뭐라고요?

2
A: What happened to your arms?
B: I had a little accident.(91번) I'm okay.

A: 팔이 왜 그래?
B: 작은 교통사고가 있었어. 괜찮아.

3
Not that I don't trust you, but how could I trust you? I barely know you. (96번)

내가 당신을 믿지 못하겠다는 게 아니라, 하지만 당신을 어떻게 믿을 수 있죠? 난 당신을 거의 모르잖아요.

미드 〈Cardinal〉 속 최고 활용 빈도 표현

1 Is there something wrong?
뭐가 잘못 됐어?

2 You want my advice?
내 충고를 원하는 거야?

3 You must be proud of her.
그녀가 자랑스럽겠네.

4 How does she survive a thing like that?
그녀가 그런 일을 어떻게 견딜까?

5 Get me the warrant.
영장을 가지고 와.

101. actually [실제로, 정말로]

어떤 상황이나 결과가 예상이나 추상적인 것이 아니라 실질적이고 실제적인 것임을 말하는 부사이다. 사실을 강조하는 의미인 것이다.

당신이 실제로는 더 행복한 여성이야.

【사전 점검】 '행복한 여성'은 happy woman, '더 행복한 여성'은 happier woman으로 표현한다.
셀 수 있는 명사 앞에는 반드시 a/an이 들어간다.

이런 일이 실제로 일어나다니 믿어지지 않아.

【사전 점검】 '~이 믿어지지 않는다'는 I can't believe ~로 표현한다.
'이런 일'은 these things 복수로 표현하며 '일어나다'는 happen이다.

**I can't believe these things
actually happen.**

102. follow [~의 뒤를 따라가다, ~을 미행하다]

누군가의 뒤를 따라 간다거나 시간, 또는 순서 상으로 뒤를 잇는다고 말할 때 사용하는
동사이다. 누군가를 미행한다고 말할 때도 사용된다.

어디든 당신을 따라 갈게.

【사전 점검】 '어디든'은 anywhere이며 '당신을 따라간다'는 follow you로 표현한다.
'따라 갈게'는 순간적인 의지의 표현으로 봐서 will을 이용한다.

그냥 그가 이끄는 대로 잘 따라가기만 해.

【사전 점검】 '이끄는 대로'는 '이끔'으로 표현한다. lead이다.
'그의 이끔'은 his lead이며 '그냥'은 just이다.

Just follow his lead.

103. against [～에 맞서서, ～에 어긋나는]

사물이나 사람이 서로 맞서고 대치하는 느낌을 전하는 전치사이다.
나와 대치한다면 그것이 나에게는 불리한 상황이거나 나와는 어긋나는 상황임을 뜻한다.

산적한 문제들과 맞설 준비를 해.

【사전 점검】 '싸울 준비를 하다'를 '무기를 들다'로 표현할 수 있다. take arms이다.
'산적한 문제'는 '문제의 바다' 즉, sea of troubles로 표현할 수 있다.

그건 규정에 어긋납니다.

【사전 점검】 '규정'은 regulation이며 '규정에 어긋나는'은 against regulation으로 표현한다.
'～에 어긋나다'는 be against라 한다.

That's against regulation.

104. ruin [~을 망치다, ~을 엉망으로 만들다]

계획이나 상태를 망친다던지 건물을 파괴한다는 의미를 갖는 동사이다.
추상적 의미와 물리적인 의미를 동시에 갖는 활용도 높은 어휘이다.

내가 그걸 망치고 싶지는 않아.

【사전 점검】 '그걸 망치다'는 ruin that로 간단히 표현한다.
'~을 하고 싶지는 않다'는 don't want to ~의 형태로 표현한다.

그것 때문에 내 건강이 망쳤어.

【사전 점검】 '그것 때문에'를 because of it으로 표현하는 것보다 It을 주어로 쓰는 것이 좋다.
"그것이 내 건강을 망쳤다."로 표현한다.

It ruined my health.

105. habit [버릇, 습관]

좋든 나쁘든 규칙적으로 행하는 버릇이나 습관을 의미한다.
'나쁜 습관을 없애다'는 break bad habits라고 표현한다.

그건 습관의 힘인 거야.

【사전 점검】 '습관의 힘'은 force of habit이다. 이것을 '타성'이라고 말하기도 한다.
그렇다면 "그건 타성에 젖어서 그래."로 해석할 수도 있다.

그게 습관이 되지 않도록 해.

【사전 점검】 '습관이 되다'는 '습관으로 만든다'는 의미이다.
우리말 그대로 make it a habit을 이용한다.

Don't make it a habit.

106. allergic [알레르기가 있는]

특정한 음식이나 물건을 접했을 때 피부에 이상 반응이 일어난다는 의미의 형용사이다.
사람이나 사물을 몹시 싫어한다고 말할 때도 사용한다.

우리 아들이 담요에 알레르기 반응이 있어요.

【사전 점검】 '~에 알레르기 반응이 있다'는 것은 '알레르기의 최종 목적지'에 이르는 경우라서 전치사 to를 이용한다.
be allergic to로 표현한다.

그건 내가 뭘 잘못 먹어서 생긴 알레르기 반응이야.

【사전 점검】 '~에 대한 알레르기 반응'은 allergic reaction to ~이며 '내가 뭘 잘못 먹어서 생긴'은
'내가 먹은 것'으로 표현한다. something I ate이다.

It's an allergic reaction to something I ate.

107. support [지지, 지원; 지지하다, 지원하다]

힘들거나 결정적인 상황에서 누군가를 정신적으로 또는 물리적으로, 금전적으로
후원하고 지지한다는 의미의 명사, 또는 동사이다.

내 생각에 그는 우리의 지지가 간절히 필요할 텐데.

【사전 점검】 '~이 간절히 필요하다'는 단순히 need보다는 could use를 써서 표현한다.
'필요해서 이미 사용할 수도 있었다'는 느낌이다.

그녀가 어떤 결정을 하던지 나는 그것을 지지해.

【사전 점검】 '결정하다'는 make decision, '어떤 결정을 하던지'는
whatever decision one makes로 표현한다.

I support whatever decision she makes.

108. jealous [질투하는, 시기하는]

남이 나보다 뭔가를 잘하거나 좋은 상태에 있을 때 그것을 단순히 부러워하는 것이
아니라 질투와 시기심에 사로잡힌다는 부정적 의미의 형용사이다.

너 지금 그냥 질투심에서 하는 말이잖아.

【사전 점검】 '그냥'은 just로 표현하며 '질투심에서 하는 말이나 행동'은 그저
jealous만으로 표현 가능하다.

너 지금 내가 질투하게 만들려는 거야?

【사전 점검】 '~을 하려고 하다'는 be trying to ~의 형태를 이용한다.
'내가 질투하게 만들다'는 make me jealous이다.

Are you trying to make me jealous?

109. apologize [사과하다]

과거 자기가 잘못 했던 행동이나 말에 대해서 용서를 구한다는 의미의 동사이다.
자동사이기 때문에 목적어를 쓸 때는 전치사의 도움을 받아야 한다.

모두에게 사과해야 된다는 생각이 들어서.

【사전 점검】 '~라는 생각이 들다'를 단순한 '생각'이 아니라 '기분'으로 표현할 수 있다. I feel ~을 이용한다.
'~에게 사과하다'는 apologize to ~이다.

나 사과하러 왔어.

【사전 점검】 '~하러 왔다'는 came to ~, 또는 have come to ~을 이용한다.
과거는 과거의 시점이 정확할 때, 현재완료는 과거의 사실만을 말할 때 쓴다.

I have come to apologize.

110. carry [~을 가지고 다니다, 들고 있다]

뭔가를 들고 이동한다는 의미의 동사이다. 이동하는 시간이나 시기에 따라서 '들고 있다', '가지고 가다', 또는 '가지고 다니다' 등으로 의역한다.

난 그것들을 항상 가지고 다녀.

【사전 점검】 '나는 ~을 가지고 다니다'는 I carry ~, 또는 I carry ~ with me로 표현한다.
후자가 의미상 훨씬 정확한 표현이다.

그건 그냥 내가 들고 갈게.

【사전 점검】 '그것을 들고 가다'는 '그것을 들고 다니다'의 의미로 이해할 수도 있다.
그럴 때는 carry it으로 표현한다.

I'll carry it.

실생활 최고 활용 빈도 표현 대화 TOP 3

1

A: I used to drink like a fish. It ruined my health. (104번)
B: It's no deep, dark secret.

A: 한때 술 엄청 마셨어. 그것 때문에 건강을 해쳤지.
B: 그게 뭐 심각하고 어두운 비밀은 아니잖아요.

2

A: It's strange you are reading these.
B: I carry them with me always. (110번)

A: 네가 이것들을 읽는다는 게 좀 이상한데.
B: 이 책들 항상 들고 다니는데 왜.

3

If you get into trouble, beep me, but don't make it a habit. The med students will help you out with scutwork. (105번)

문제가 생기면 나한테 삐삐 쳐. 하지만 습관적으로 아무 때나 치면 안된다. 의대생들이 아마 일상적 업무는 도와줄 거야.

미드 〈Castle〉 속 최고 활용 빈도 표현  TOP 5

1
She kicked the habit.
그녀는 그 버릇을 없앴어.

2
He's actually pretty nice.
그는 실제로 정말 훌륭해.

3
I started following her around.
난 그녀를 졸졸 따라다니기 시작했어.

4
What's there to be jealous of?
질투할 만한 게 뭐가 있는데?

5
You threatened to ruin him?
네가 그를 파멸시키겠다고 협박했다는 거야?

111. pay [~을 지불하다]

어떤 행위에 대한 대가로 돈을 지불한다는 의미의 동사이다. 활용도가 가장 높은 동사이다.

너한테 얼마든지 돈을 지불할 수 있지.

【사전 점검】 '얼마든지 돈을 지불하다'는 단순히 '돈을 지불하다'로 표현할 수 있다.
'~을 할 수 있다'는 능력과 가능성의 의미를 전한다. can으로 표현한다.

그 비용은 내가 낼 거야.

【사전 점검】 '비용을 내다'는 pay, '그 비용을 내다'는 pay for it으로 표현한다.
pay가 자동사로 쓰이는 경우이다.

I'm gonna pay for it.

112. raise [~을 키우다, ~을 들어 올리다]

사람, 또는 동물을 기르고 키우거나 손, 또는 어떤 물건을 위로 들어 올린다고 말할 때
사용하는 동사이다.

저는 어렸을 때부터 천주교인으로 성장했어요.

【사전 점검】 '키우다'는 raise, '성장하다'는 be raised이다.
'천주교인으로 성장하다'는 be raised Catholic이다. '어렸을 때부터'는 be raised에 포함되어 있다.

아이들을 키우기 위해서 일을 쉬었어요.

【사전 점검】 '아이들을 키우기 위해서'는 '미래'에 일어날 일을 말하는 것이므로 to raise my kids로 표현한다.
'일을 쉬다'는 take time out이다.

I took time out to raise my kids.

113. deserve [~을 받을만하다, ~을 누려야 마땅하다]

누군가 어떤 대우를 받아야 마땅하다고 말할 때 사용하는 동사이다.
그 대우는 좋은 것이든 나쁜 것이든 상관 없다.

우리는 이보다 더 좋은 대우를 받아야 마땅하지.

【사전 점검】 '이보다 더 좋은 대우'는 better로 표현한다. better가 명사로 사용되는 경우이다.
deserve better만으로 의미전달이 가능하다.

나한테 그렇게 잘해주지 말아요. 난 자격 없어요.

【사전 점검】 '~에게 잘해주다'는 be nice to ~로 표현한다. '자격 없다'는 것은
'그런 대우를 받을 자격이 없다'는 뜻이다. don't deserve it으로 표현한다.

**Stop being so nice to me.
I don't deserve it.**

114. **argue** [언쟁하다, 다투다]

행동이 아닌 말로 서로의 의견을 주장하며 싸운다는 의미의 동사이다.

우리 이 문제에 대해서는 왈가왈부하지 말자고.

【사전 점검】 '우리 ~하지 말자'를 Let's not ~으로 표현하면 '명령'이 되어서 좋지 않다.
We're not going to ~를 이용한다. '~에 대해서 왈가왈부하다'는 argue about ~으로 표현한다.

이 문제로 나와 싸울 생각 하지마.

【사전 점검】 '이 문제로'는 on this로 표현한다. '나와 싸울 생각하다'는 '나와 싸우다'의 의미이다.
argue with me로 표현한다.

Don't argue with me on this.

115. innocent [무죄인, 결백한, 악의 없는, 순진한]

이미 발생한 사건이나 범죄에 전혀 연루되어 있지 않다는 의미의 형용사이다.
전혀 악의가 없음을 의미하기도 한다.

난 이 범죄와는 완전한 무관해. 결백하다고.

【사전 점검】 '~와 무관하다'는 것은 '~에 있어서 결백하다'는 의미이다.
be innocent of로 표현한다. '이 범죄'는 this crime이다.

그건 악의가 없는 행동이었어.

【사전 점검】 '그것은 악의가 없는 행동이었다'에서 '행동'은 It 안에 포함된다.
결국 '그것은 악의가 없었다'로 표현한다.

It was innocent.

116. prevent [~을 막다, ~을 저지하다]

사람을 막거나 사고의 발생을 막는다는 의미의 동사이다.
예방 차원에서 앞으로 일어날 일을 막는다는 의미도 포함한다.

우리가 그를 막을 수 있는 방법은 없어.

【사전 점검】 '그를 막다'는 prevent him이다. '방법은 없다'는 There's no way로 표현한다.
'~할 수 있다'는 can이나 could를 이용한다.

뭐가 너를 (아무 것도 못하게) 막는 건데?

【사전 점검】 '뭐가'는 대명사이기 때문에 주어로 사용할 수 있다. What이다. What는 단수취급한다.
뒤에 이어지는 동사의 형태에 주의한다.

What prevents you?

117. ahead [앞으로, 미리]

공간이나 시간 상에서 앞쪽을 가리키는 부사이다. 앞으로 간다든지 앞으로 다가올 미래를 말할 때 사용한다. 또한 '미리'의 의미를 갖기도 한다.

앞으로 쭉 가.

【사전 점검】 '앞으로'는 ahead, '앞으로 쭉'은 right ahead이다. right는 '정확히', '완전히' 등을 뜻하는 부사이다. 같은 부사 ahead를 꾸미고 있다.

스케줄보다 4분 일찍 도착하셨네요.

【사전 점검】 '~보다 일찍'은 ahead of ~의 형태로 표현한다. '4분 일찍'은 four minutes ahead라 한다. '도착하다'를 be 동사로 표현한다.

You're four minutes ahead of schedule.

118. absolutely [전적으로, 틀림없이, 진짜, 대단히]

어떤 일에 대한 '확신'을 전할 때 사용하는 부사이다. '당연히', '물론이지',
'그러다 마다'에서부터 '대단히'의 느낌으로 초 긍정적인 의미를 전달한다.

그거 진짜 멋있어.

【사전 점검】 '대단히 멋있는'은 구어체에서 scrumptious를 흔히 이용한다.
'진짜'를 추가하면서 absolutely를 활용한다.

너 정말 확신하는 거야?

【사전 점검】 '정말', '진짜', '분명히'를 absolutely로 표현하며 '확신하는'은 sure, 또는 positive로 말한다.
positive에는 '긍정'의 느낌이 포함된다.

You're absolutely positive?

119. find [~을 찾다, ~을 찾아주다]

없어지거나 눈에 띄지 않는 물건, 또는 사람을 결국 찾아낸다는 의미의 동사이다.
'찾고 있는 중'에는 look for를 쓰고 '이미 찾은 상태'는 find이다.

네 사무실에서 여기로 가면 널 찾을 수 있을 거라 했어.

【사전 점검】 '네 사무실에서 ~라고 말했다'는 Your office said ~로 표현한다.
'여기로 가면 찾을 수 있을 거라 했다'는 '여기에서 찾을 수 있다'와 같다.

내가 네 열쇠를 찾아 줘야겠네.

【사전 점검】 '네 열쇠를 찾아주다'는 '너에게 네 열쇠를 찾아주다'의 의미이다.
find you a key로 표현한다. '~을 해줘야겠다'는 will have to ~로 말한다.

I'll have to find you a key.

120. confident [자신감 있는, 확신하는]

어떤 결과에 대해서 그것이 사실임을 확신하거나 어떤 사람에 대해서 확신에 차 있음을 말할 때 사용하는 형용사이다.

나야 뭐 완전 확신하지. 자신 있어.

【사전 점검】 '완전히'는 supremely로 표현할 수 있다.
따라서 '완전히 확신하다'는 be supremely confident로 말한다.

그는 성격이 아주 활발하고 자신감이 넘쳐.

【사전 점검】 '성격이 활발한'은 dynamic으로 표현한다.
'아주'는 형용사를 강조하는 부사 so를 이용한다.

He's so dynamic and confident.

실생활 최고 활용 빈도 표현 대화 TOP 3

1 Larry, listen to me for a second. Don't argue with me on this. Okay? Just say yes, because I pulled a lot of strings to make this happen. (114번)

래리, 잠깐 내 말 좀 들어봐. 이 문제로 나하고 다투지 말자고. 알았어? 그냥 그러겠다고 해. 내가 이 일을 성사시키려고 빽을 얼마나 썼는데 그래.

2 A: How are we doing?
B: You're four minutes ahead of schedule.
A: Ahead? (117번)

A: 지금 우리 상황이 어떻게 진행되고 있는 건가?
B: 예정보다 4분 일찍 도착하셨습니다.
A: 일찍 왔다고?

3 Why do we do that? I mean, deep down we know we deserve better, so why do we keep lowering our standards? (113번)

우리가 그걸 왜 하는데? 내 말은, 마음 속으로 우린 모두가 이 정도 대우로는 충분치 않다는 사실을 잘 알고 있잖아. 그러니 왜 우리가 계속 우리 수준을 낮추어야 되는 거냐고.

미드 〈CSI: NY〉 속 최고 활용 빈도 표현 

1
You find the owner of this residence.
이 집의 소유주가 누군지 찾아내.

2
It's really hard to argue with the evidence.
증거를 상대로 싸우는 건 정말 힘든 일이야.

3
You don't have to pay the tolls in cash.
통행료를 현금으로 낼 필요는 없어.

4
Most criminals claim they're innocent.
대부분의 범죄자들은 자기들이 무죄라고 주장하잖아.

5
Absolutely nothing's been touched.
정말 아무 것도 손대지 않았어.

121. sense [감각, 감, 의식]

오감에 해당되는 감각이나 어떤 일에 대한 감각, 그리고 특정한 이해력을 포함하는
명사이다.

너는 패션감각이 없어.

【사전 점검】 '패션감각'은 sense of fashion으로 표현한다.
우리가 '~이 없다'라고 할 때 그들은 '~을 가지고 있지 않다'로 표현한다.

너 방향감각이 정말 없구나.

【사전 점검】 '방향'은 direction, '방향감각'은 sense of direction이다.
'방향감각이 없다'는 '부정적인 방향감각을 가지고 있다'로 표현할 수 있다.

You got a negative sense of direction.

122. fault [잘못, 단점, 결함]

어떤 일의 잘못된 결과에 대해서 그것이 누군가의 잘못이라고 말할 때의 그 '잘못'을
의미한다. 또한 사람이나 사물이 갖는 단점, 결함 등을 의미하기도 한다.

그건 그들의 잘못이 아닙니다.

【사전 점검】 '잘못'은 fault, '그들의 잘못'은 their fault이다.
'그들의'는 they의 소유격 their이다. 인칭대명사의 소유격을 정확히 기억하고 있어야 한다.

나는 그게 네 잘못인 줄 알았지.

【사전 점검】 '～인줄 알았다'는 '～라고 생각했다'는 의미이다. I thought ～형태로 표현한다.
'네 잘못'은 your fault로 말한다.

I thought it was your fault.

123. stare [빤히 쳐다보다, 응시하다]

뭔가를 계속 집중적으로 쳐다본다는 의미의 동사이다.
상황에 따라서 '노려보다', '멍하니 보다' 등의 의미로 쓰이기도 한다.

FORREST GUMP

다들 뭘 그렇게 빤히 쳐다보는 거야?

【사전 점검】 '다들'은 you all이다. 이것을 y'all로 발음하거나 표기하기도 한다.
'그렇게'는 강조의 말이라서 영어문장에서는 표현하지 않아도 좋다.

LOVE STORY

너 나만 뚫어지게 쳐다보다간 낙제한다.

【사전 점검】 '뚫어지게 쳐다보다간'은 '뚫어지게 쳐다보면'으로 표현하며 '～만'은 just로 표현한다.
'낙제하다'는 flunk이다.

You'll flunk if you just stare at me.

124. spare [~을 내주다, ~을 할애하다]

특별한 상황이나 사람을 위해서 돈이나 시간을 아낌없이 선뜻 내어준다는 의미의
동사이다.

우리가 15분도 쓸 수 없다는 거야?

【사전 점검】 '15분을 쓰다'는 '뭔가를 위해서 15분을 할애하다'의 의미이다.
spare 15 minutes로 표현한다.

300불을 좀 줄 수 있겠니?

【사전 점검】 '좀 주다'는 '별다른 조건없이 선뜻 내어주다'의 의미이다.
단순히 '주다'의 의미를 갖는 give와는 다르다. spare를 이용해서 표현한다.

Can you spare 300?

125. amazing [놀라운, 대단한]

어떤 상황, 광경, 또는 사람이 감탄할 정도로 대단하고 놀랍다는 의미의 형용사이다.

I DON'T KNOW HOW SHE DOES IT

내가 말하잖아, 그 여자 정말 놀랍다니까.

【사전 점검】 '내가 말하잖아'는 영어에서도 그대로 사용한다. I'm telling you. 이다.
문장 앞에서 '정말로'라는 느낌으로 문장 전체를 강조한다.

TWO WEEKS NOTICE

내가 약속할게. 너한테 정말 끝내주는 사람 찾아줄게.

【사전 점검】 '정말 끝내주는 사람'은 somebody amazing이다. somebody는 형용사가 뒤에서 꾸며준다.
'너한테 ~을 찾아주다'는 find you ~로 표현한다.

I promise I will find you somebody amazing.

126. **personal** [개인적인, 사적인]

타인과는 상관 없이 지극히 개인적인 소유, 또는 상황을 말할 때 사용하는 형용사이다.
남과 공유하고 싶지 않은 사적인 뭔가를 말할 때도 쓴다.

사적인 질문을 해도 될까요?

【사전 점검】 '사적인 질문'은 personal question으로 표현한다. '~해도 될까요?'는
상대의 의사를 정중하게 묻는 경우이다. Can I ~?를 이용한다.

그건 개인적인 문제야.

【사전 점검】 '개인적인 문제'는 personal matter로 표현한다. matter는 상황이나 사태,
문제 등을 총체적으로 포함하는 명사이다.

It's a personal matter.

127. appointment [약속]

특별한 목적의 회의나 만남을 위한 시간약속을 말할 때 사용하는 어휘이다.
시간과 장소의 '지정' 이라는 속뜻을 갖고 있다.

THE KING'S SPEECH

난 그 시간 약속이 당신을 위한 것인 줄 알았는데.

【사전 점검】 '그 시간 약속'은 the appointment로 표현한다. '~인줄 알았는데'는 '~라 생각했다'의 의미이다.
'당신을 위한 것'은 for you이다.

HOW STELLA GOT HER GROOVE BACK

시간 약속에 늦었어. 깨서는 안 되는 약속인데.

【사전 점검】 '~에 늦었다'는 be late for ~를 이용한다. '깨서는 안 되는'은 '깰 수 없는'으로 표현한다.
두 문장을 which로 연결한다.

> **I'm late for an appointment
> which I can't break.**

128. appropriate [적절한, 적합한]

말이나 대화, 행동 등이 어떤 상황에, 또는 누군가에게 적절하다는 의미의 형용사이다.

이건 지금 적절한 대화가 아닌 것 같은데.

【사전 점검】 '~이 아닌 것 같다'는 I don't think ~의 형태로 표현한다.
'지금'은 현재시제로 표현하며 '적절한 대화'는 appropriate conversation이다.

그게 별건 아니지만 정말이지 적절한 건 아니야.

【사전 점검】 '별 것 아닌 일'은 no big deal, '별 것 아니다'는 be no big deal로 표현한다.
'정말이지'는 really가 가장 적절하다.

It's no big deal, but it's really not appropriate.

129. look [모습, 외모]

사람의 (겉)모습이나 겉보기, 또는 외모를 뜻하는 명사이다.
동사는 물론 명사의 활용도 대단히 중요하다.

모습이 정말 아주 마음에 듭니다.

【사전 점검】 '모습'은 '당신의 현재 모습'을 의미한다. the look of you로 표현한다.
'정말 아주'는 very much, '마음에 들다'는 like를 이용해서 말한다.

모습을 뵈니, 피부가 지성이시군요.

【사전 점검】 '모습을 뵈니'는 '당신의 모습으로 판단하건대'의 뜻이다. From the look of you라 표현한다.
'지성피부'는 greasy skin이다.

From the look of you, you have greasy skin.

130. disappear [사라지다]

눈 앞에 있던, 또는 그 동안 봐왔던 사물이나 사람이 사라지고 없어진다는 의미의
동사이다.

당신 말도 없이 사라졌어요.

【사전 점검】 '말도 없이 사라지다'를 그저 disappear로 표현한다.
말을 하고 떠나는 것은 disappear에 해당되지 않기 때문이다.

그가 나를 두고 사라져 버렸어.

【사전 점검】 그냥 사라지는 것이 아니라 '내가 있는데', '나를 두고' 등의 의미를 추가할 때는
on me를 이용해서 말한다.

He disappeared on me.

실생활 최고 활용 빈도 표현 대화 TOP 3

1

A: You disappeared. (130번)
B: Yes. I'm sorry. I had to leave. I didn't want to disturb you.

A: 당신 말도 없이 사라졌어요.
B: 예. 죄송해요. 그때 그렇게 떠나야 했어요. 당신을 방해하고 싶지 않았어요.

2

A: You have no style or sense of fashion. (121번)
B: I think that depends on what you're…
A: No, no. That wasn't a question.

A: 당신은 스타일이나 패션 감각이 전혀 없어.
B: 그거야 제 생각엔 편집장님이 어떻게 생각하시느냐에 따라…
A: 아니, 아냐. 내가 당신한테 질문한 게 아니야.

3

A: How can I help you?
B: Does Sandy work here?
A: What's this about?
B: I need to speak with her. It's a personal matter.(126번)

A: 어떻게 오셨죠?
B: 샌디가 여기에서 일합니까?
A: 무슨 일이신데요?
B: 그녀와 대화를 해야해요. 개인적인 문제에요.

미드 〈Desperate Housewives〉 속 최고 활용 빈도 표현 TOP 5

1 **It's not my fault.**
그건 내 잘못이 아니야.

2 **People are starting stare.**
사람들이 쳐다보기 시작했어.

3 **You're doing an amazing job.**
넌 정말 어쩜 그렇게 일 처리를 잘하니.

4 **I don't want to shock them by suddenly disappearing.**
난 갑자기 사라져서 그들에게 충격을 주고 싶지는 않아.

5 **I'll make an appointment for him.**
내가 그 사람 대신에 약속을 잡을 거야.

131. complain [불평하다, 항의하다]

뭔가 약속대로 이행되지 않거나 불편하기 때문에 상대에게, 또는 조직을 향해서 불평하고
항의한다는 의미의 동사이다.

불평 그만해.

【사전 점검】 '그만해'는 계속 이어져 오고 있는 행위를 더 이상 견딜 수 없으니
'멈추라'는 의미이다. stop을 이용한다.

너 지금 끝까지 불평만 하면서 갈 거야?

【사전 점검】 '끝까지'는 the whole way로 표현한다. '불평만 하면서 가다'는 '불평만 하다'의 의미이다.
'너 ~을 할 거야?'는 Are you going to ~를 이용한다.

Are you gonna complain the whole way?

132. call [~을 …라고 부르다]

사물이나 상황, 어떤 것의 제목 등을 특정하게 무어라고 부른다던지 사람을 어떤
이름으로 부른다는 의미의 동사이다.

그거 이름이 뭔데?

【사전 점검】 '이름이 무엇이다'는 '이름이 무엇이라고 불린다'와 같은 뜻이다.
be called를 이용해서 표현한다.

나를 데이브라 불러요.

【사전 점검】 가장 단순한 표현이다. '나를 ~라고 부르다'는 call me ~의 형태를 이용하여 표현한다.

Call me Dave.

133. arrive [도착하다]

사람이나 물건이 예정된 장소에 도착한다는 의미의 동사이다.
점잖은 분위기에서 사용된다.

새로운 편집장은 월요일에 도착합니다.

【사전 점검】 '새로운 편집장'은 new editor로 표현하며 '월요일에'는 on Monday로 말한다.
특정한 요일이나 날짜 앞에는 전치사 on을 쓴다.

전 방금 전에 뉴욕에서 도착했습니다.

【사전 점검】 '방금 전'을 말할 때는 과거 동사 앞에 부사 just를 사용한다.
'뉴욕에서'는 '뉴욕에서부터'이며 from New York으로 표현한다.

I just arrived from New York.

134. waste [낭비, 낭비하는 행위]

돈이나 시간, 음식, 자원 등을 필요한 데 쓰지 않고 불필요하게 써버린 상태를 말하는 명사이다.

THE ACCIDENTAL HUSBAND

그건 시간을 낭비하는 짓이야.

【사전 점검】 '시간을 낭비하는 짓'을 명사로 표현하면 a waste of time이다.
'짓'이나 '행위'를 말할 때는 부정관사 a를 사용한다.

THE MAZE RUNNER

이건 정말 엄청난 낭비야.

【사전 점검】 '낭비'는 '낭비 행위'의 뜻이다. 그래서 a waste라고 표현하며
명사를 강조할 때는 such를 이용한다.

This is such a waste.

135. boring [지겨운, 지겹게 만드는]

사람이나 분위기, 책, 영화 등이 누군가를 지루하고 따분하게 만든다는 의미의
형용사이다.

이거 정말 엄청나게 지루하고 따분해.

【사전 점검】 '이거'는 앞서 나온 상황을 받는 것이기 때문에 It로 표현한다.
'정말 엄청나게'는 incredibly라 말한다.

그게 무지하게 따분하다는 사실을 알게 됐지.

【사전 점검】 '그게 ~라는 사실을 알게 되다'는 find it ~의 형태로 표현한다.
'무지하게 따분한'은 very boring이라 한다.

I found it very boring.

136. response [대답, 응답, 반응]

어떤 질문이나 부탁에 대답을 해준다 던지 어떤 일에 대해서 보이는 반응을 뜻하는 명사이다.

뭐라고 답을 하셨습니까?

【사전 점검】 '답을 하다'는 '대답하다', '응답하다' 등의 의미와 같다. 동사는 respond이지만 명사 response로 표현할 수도 있다.

그것은 치료에 대한 그녀의 반응에 달려있지.

【사전 점검】 '치료'는 treatment이며 '치료에 대한 반응'는 response to treatment로 표현한다. '～에 달려 있다'는 depend on ～으로 표현한다.

> ### It depends on her response to treatment.

137. fake [가짜의, 거짓된; 꾸미다, ~인 척하다]

물건이나 이야기, 또는 행동이 남을 속이기 위해서 꾸며낸 '가짜인'을 뜻하는 형용사이며
남을 속이기 위해서 '~인 척하다'를 뜻하는 동사로도 쓰인다.

당신이 보는 건 그 어느 것도 가짜가 아니야.

【사전 점검】 '당신이 보는 건'은 something you see로 표현한다.
'그 어느 것도 ~이 아닌'은 대명사 nothing을 쓴다.

나 머리 아픈 척 해야 돼.

【사전 점검】 '머리 아픈 척 하다'는 fake a headache로 표현한다. '나 ~을 해야 돼'는 I have to ~,
또는 I need to ~를 이용한다.

I need to fake a headache.

138. destroy [파괴하다, 무너뜨리다, 없애다]

물건이나 상태에 심한 타격을 주어서 더 이상 존재하지 못하게, 또는 사용이나 수리가 불가능하게 만든다는 의미의 동사이다.

TRANSFORMERS: AGE OF EXTINCTION

그 도시의 많은 부분이 파괴 되었어.

【사전 점검】 '많은 부분'은 much로 간단히 표현하며 '그 도시의 많은 부분'은 much of the city 라고 한다.
'파괴 되었다'는 시점이 불확실한 과거의 사실을 말하므로 현재완료 수동태를 이용한다.

MYSTIC RIVER

네 생각엔 지금까지 그들이 얼마나 많은 증거를 없앤 것 같아?

【사전 점검】 evidence는 셀 수 없는 명사이므로 '얼마나 많은 증거'는 How much evidence로 표현한다.
'지금까지'는 so far이다.

How much evidence do you think they've destroyed so far?

139. suppose [~일 것이라고 생각하다, 추측하다]

이미 알고 있는 지식을 바탕으로 어떤 상황을 생각하고 추측한다는 의미의 동사이다.

내 생각에는 우린 그걸 읽는 것으로 시작해야 된다고 봐.

[사전 점검] '시작해야 된다'는 강한 권유에 해당되어서 should start로 표현한다.
'그것을 읽는 것으로'는 by reading it이다.

난 네가 그럴 기분이 아니라고 생각했어.

[사전 점검] '기분'은 mood로 표현한다. '그럴 기분 상태에 있는'은 in the mood이다. '생각했어'가 과거이기 때문에
'그럴 기분이 아니라고'도 과거형을 흔히 쓰지만 그 현재의 기분을 강조하고 싶으면 그대로 현재시제를 사용한다.

I supposed you're not in the mood.

140. competition [경쟁]

두 사람 이상이 서로의 능력을 발휘하며 그 안에서 높은 순위를 차지하려고 애쓴다는 의미의 명사이다.

우리 경쟁은 없앱시다.

【사전 점검】 '~을 없애다'는 remove를 쓰고 숙어로는 get rid of라고 한다. 따라서 '경쟁을 없애다'는 remove competition, get rid of competition 등으로 표현한다

난 경쟁 좋아하지 않아.

【사전 점검】 '~을 좋아하지 않다'는 구어체에서는 don't like ~를 쓰며 문어체에서는 dislike ~ 형태를 이용한다. 문어체 어휘를 구어체에서 사용하면 그 느낌이 강해진다.

I don't like competition.

실생활 최고 활용 빈도 표현 대화 TOP 3

1

This serial dating of yours is a waste of time. (134번) You can't find something when you don't know what you're looking for. You're playing the field, right?

이런 상습적인 데이트는 시간낭비에요. 본인이 뭘 찾는지도 모르면 뭔가 중요한 걸 제대로 찾을 수 없어요. 당신은 지금 바람을 피우고 있는 것에 불과하다고요. 알겠어요?

2

A: This time it is by Shakespeare.
B: What's it called? (132번)
A: Romeo and Ethel, the Pirate's Daughter.

A: 이번에는 그걸 쉐익스피어가 썼어요.
B: 제목이 뭔데?
A: 로미오와 해적의 딸, 에셀.

3

A: Have you always been sick before.
B: No, I've never been sick before. It's incredibly boring. (135번) There's nothing to do.

A: 전에도 늘 그렇게 아팠니?
B: 아니요. 전에는 한 번도 아픈 적 없어요. (아파서 누워 있는 건) 정말 지겨운 일이에요. 할 게 아무 것도 없으니까요.

미드 〈Doctor Who〉 속 최고 활용 빈도 표현 TOP 5

1 **I'm sick of you complaining.**
너 불평하는 거 이젠 정말 질렸어.

2 **You mean he has a fake ID?**
그러니까 그가 가짜 신분증을 가지고 있다는 얘기야?

3 **Why are they called Bad Wolf?**
그게 왜 Bad Wolf라고 불리는 거야?

4 **I suppose Immigration's tightened up.**
출입국 관리소가 더욱 엄격해진 것 같은데.

5 **They were destroyed.**
그것들은 완전히 파괴되어서 없어.

141. assume [~을 가정하다, ~라고 추정하다]

정확한 증거도 없으면서 그것이 사실일 거라고 혼자 가정한다는 의미의 동사이다.

전 당신이 웨이터일 거라고 생각했어요.

【사전 점검】 '~일 거라고 생각했다'는 막연한 추측에 의한 확신이라서 assumed ~의 형태로 표현한다.
'생각했다'가 과거이므로 '웨이터일 거라고' 역시 과거시제 were를 써서 표현한다. 시제의 일치 문법이다.

그쪽은 보험 문제로 여기에 오신 거겠죠.

【사전 점검】 '그쪽'은 you로 표현하고 '~인 거겠죠'는 assume으로 처리한다.
'보험 문제로'는 about the insurance라 하며 '여기에 오다'는 be here이다.

I assume you're here about the insurance.

142. hopeless [희망이 없는, 절망적인]

사람이나 어떤 일이 아무런 희망도 기대도 가질 수 없는 절망적인 상태임을 뜻하는 형용사이다.

그녀는 절망적인데다 그 일에 완전히 부적절해요.

【사전 점검】 '부적절한'은 wrong으로 표현하고 '그 일에 부적절하다'는 be wrong for it라 한다. '완전히' 는 totally이다.

널 누가 말려. 넌 정말 구제불능이야.

【사전 점검】 '누가 말려'와 '구제불능이다'는 같은 의미이다. 이렇게 비슷한 두 개의 문장을 하나의 문장으로 표현할 수도 있어야 한다. '구제 불능인 사람'을 a basket case라고도 표현한다.

You're hopeless.

143. hire [~을 고용하다]

개인적으로, 또는 회사에서 일을 시키기 위하여 사람을 고용한다는 의미의 동사이다.

너 훌륭한 베이비시터를 고용할 수 있어.

【사전 점검】 베이비시터는 말 그대로 babysitter이다. 돈을 받고 아이를 돌봐주는 사람이다.
'훌륭한'은 good으로 표현한다.

저 여자는 무슨 일을 시키려고 고용한 거야?

【사전 점검】 '무슨 일을 시키려고'는 '무엇 때문에'와 같은 의미이다. What for로 표현한다.
'왜 고용한 거야?'를 말할 때 사용하는 Why 구문과는 의미 자체가 다르다.

What did you hire her for?

144. bother [~을 성가시게 하다, ~을 괴롭히다]

누군가 뭔가를 하는데 옆에서 계속 성가시게 하고 짜증나게 한다는 의미의 동사이다.

내가 그 사람 성가시게 하지 말라고 했잖아.

【사전 점검】 '내가 (너에게) ~하지 말라고 했잖아'는 I told you not to ~형태를 이용해서 표현한다.
to 부정사는 '미래'의 의미를 갖는다.

질문으로 성가시게 하고 싶지 않아요.

【사전 점검】 '질문으로'는 with my questions로 표현한다.
'~하고 싶지 않다'는 don't want to ~ 형태를 이용하여 말한다.

> **I don't want to bother you with
> my questions.**

145. disappoint [~을 실망시키다]

남이 생각했던 것, 기대했던 것, 그리고 희망했던 것에 미치지 못해서 그들을
실망시킨다는 의미의 동사이다. be disappointed는 '실망하다'이다.

실망시켜서 정말 미안해.

【사전 점검】 '미안해'는 I'm sorry이며 '정말 미안해'는 I'm terribly sorry이다.
'~을 하게 되어서 정말 미안해'는 I'm terribly sorry to ~로 표현한다.

나는 그가 실망하지 않기를 원하는 것 뿐이야.

【사전 점검】 '~을 원하는 것 뿐이야'는 just want to ~, '그가 ~하기를 원하는 것 뿐이야'는 just want him to ~ 형태로
표현한다. '~하지 않기를'을 표현하기 위해서 부정어인 not의 위치를 정확히 잡아야 한다.

I just don't want him to be disappointed.

146. devote [~에 바치다, ~에 쏟다]

시간이나 돈, 또는 노력을 무슨 일에, 또는 어떤 사람에게 바친다는 의미의 동사이다.

그녀는 그 모든 에너지를 그녀의 일에 다 바치는 거야.

【사전 점검】 '그 모든 에너지'는 all that energy이며 '그 모든 에너지를 ~에 다 바치다'는
devote all that energy to ~의 형태로 표현한다.

나는 내 자신을 온전히 다 너에게 바칠 거야.

【사전 점검】 '내 자신'은 myself이며 '온전히 다'는 부사 entirely로 표현한다.
'내 자신을 너에게 바치다'는 devote myself to you이다.

I'll devote myself entirely to you.

147. escape [달아나다, 벗어나다, ~을 면하다]

어느 장소에서 탈출하던지 좋지 않은 상황에서 벗어나는 경우, 또는 뭔가를 모면하고 피하는 경우에 사용하는 동사이다.

나는 한 가지 단순한 생각을 벗어날 수 없었다: 난 내 자신이 정말 싫다.

【사전 점검】 '한 가지 단순한 생각'은 one simple thought로 표현한다.
'정말 싫다'는 문어체 어휘 hate를 사용해서 말한다.

당신이 도망가지 못하게 묶어 놓을 테니 당신은 밤에 도망갈 수도 없어.

【사전 점검】 '도망가지 못하게 묶어 놓다'는 tie up으로 표현하며 '~할 테니'는 so로 연결해서 말한다.
'밤에'는 in the night이다. tie의 진행형은 tying이다.

I'm tying you up so you can't escape in the night.

148. consider [~로 여기다, ~로 간주하다]

뭔가를 진지하게 고려한다는 의미 이외에 무엇으로 여기고 간주한다는 의미를
전하는 동사이다.

내가 지금 적으로 간주되고 있는 거야?

【사전 점검】 '적'은 the enemy이며 '~로 간주하다'는 consider ~,
'~로 간주되다'는 be considered ~의 형태로 표현한다.

나는 지금도 여전히 그를 내 가장 친한 친구로 여겨.

【사전 점검】 '지금도 여전히'는 still로 표현한다. '내 가장 친한 친구'는 my best friend이다.
'~로 여기다'가 바로 '~로 간주하다'이다.

I still consider him my best friend.

149. force [~을 강요하다, ~을 하게 만들다]

물리적인 힘이나 윽박지름에 의해서 누가 뭔가를 하게 만든다는 의미의 동사이다.

나 강제로 내 아파트에서 쫓겨 났어.

【사전 점검】 '강제로 ~을 당하다'는 be forced to ~의 형태를 이용한다.
'내 아파트에서 쫓겨나다'는 move out of my apartment이다.

난 네가 강요 받아서 이걸 하기를 원치 않아.

【사전 점검】 '난 네가 ~하는 것을 원치 않아'는 I don't want you to ~의 형태로 표현한다.
'~하도록 강요 받다'는 be forced to ~의 형태로 말한다.

**I don't want you to do this
because you're forced to.**

150. ignore [~을 무시하다]

이미 알고 있거나 누구에게 이야기를 전해 들었음에도 불구하고 일부러 그것을
무시한다는 의미의 동사이다. 사람이나 경고, 일 등이 목적어로 온다.

그녀는 내가 그 사실을 무시하기를 바랬던 거지.

【사전 점검】 '바라다'는 expect로 표현하며 '그 사실을 무시하다'는 ignore it이라 한다.
'내가 ~하기를 바라다'는 expect me to ~로 말한다.

너는 그 모든 감정들을 다 무시해야 돼, 정말.

【사전 점검】 '~해야 돼, 정말'은 권유와 기대의 표시이기 때문에 should로 표현한다.
'그 모든 감정들'은 all those feelings이다.

You should really ignore all those feelings.

실생활 최고 활용 빈도 표현 대화

(from *Forrest Gump*)

1

A: Forrest, I told you not to bother this nice young man.(144번)
B: No, that's all right, ma'am. I was showing him a thing or two on the guitar.

A: 포리스트, 이 멋진 형을 괴롭히지 말라고 얘기했잖아.
B: 아니요, 괜찮습니다. 제가 포리스트에게 기타에 대해서 좀 알려주고 있었습니다.

(from *The Devil Wears Prada*)

2

A: She's hopeless and totally wrong for it. (142번)
B: Clearly I'm going to have to do that myself because the last two you sent me were completely inadequate.

A: 그녀는 희망 없어요. 게다가 그 일엔 완전 부적절이요.
B: 분명히 말하는데 그 일은 내가 직접 해. 지난 번에 네가 뽑은 두 애는 완전 엉망이었던 거 알지.

(from *I Don't Know How She Does It*)

3

Momo is a brilliant research analyst. She has the work ethic of a robot, and the warmth. But I don't care because she devotes all that energy to her job. (146번)

모모는 아주 똑똑한 연구 분석가에요. 로보트 같은 업무 윤리관, 그리고 따뜻한 마음을 갖고 있죠. 하지만 저야 뭐 상관 없죠. 그녀는 그 모든 에너지를 자기 일에 쏟아붓잖아요.

미드 〈The Good Wife〉 속 최고 활용 빈도 표현 TOP 5

1
I'm sorry to bother you.
성가시게 해서 죄송해요.

2
I just hired a new lawyer.
저 새 변호사를 선임했어요.

3
If we don't file by the end of the week, we'll be forced to wait four years.
우리가 주말까지 소송 못하면 4년을 기다려야 돼.

4
I have something I want you to consider.
좀 고려해 주십사 하는 일이 좀 있습니다.

5
I tried to ignore it.
난 그걸 무시하려고 애썼지.

★★★★★★★★★★★★

영화 속

최고 활용 빈도
숙어 표현

50

MOVIE

151. find out [(~을) 발견하다, (~을) 찾아내다]

물건이 아닌, 어떤 사실이나 비밀을 끝까지 알아내고 찾아낸다는 의미의 숙어이다.
부사 out에는 '끝까지'라는 의미가 포함되어 있다.

그가 알게 되면 무슨 짓을 할 지는 아무도 몰라.

【사전 점검】 '~는 아무도 모른다'는 Nobody knows ~, There's no knowing ~ 등의 표현을 사용한다.
전체 가정법 문장을 사용한다.

내가 이유를 분명히 찾아낼 거야!

【사전 점검】 '내가 분명히 ~을 할 것이다'는 I'm going to ~ 표현을 이용한다.
'이유'는 reason, why 등을 이용해서 말한다. why가 생동감 있다.

I'm going to find out why!

152. hang out with [~와 어울려 다니다]

특별한 목적 없이 편안하게 누군가와 어울려 다닌다는 의미의 표현이다.
주어가 we일 때는 with가 생략될 수 있다.

너 평소에 누구와 어울려 다니니?

【사전 점검】 '평소에'를 표현하려면 특정 어휘가 아닌 '현재시제' 문법을 이용한다.
'누구'가 의문대명사로 문두에 나가면 with가 마지막으로 남는다.

우린 거의 같이 다닐 기회가 없었어.

【사전 점검】 '거의 ~이 아닌'을 말할 때는 barely를 이용한다.
'거의 ~할 기회가 없었다'는 barely had a chance to ~로 표현한다.

We barely had a chance to hang out.

153. look for [~을 찾다]

물건이나 사람, 또는 직업, 증거 등이 어디에 있는지 몰라서 찾아다닌다는
의미의 표현이다. '~을 위해서(for) 신경 써서 본다(look)'는 것이다.

넌 지금 내가 뭘 찾고 있는 지 알고 있는 거야?

【사전 점검】 '~을 알고 있는 거야?'는 뭔가를 이미 알고 있어서 그런 반응을 보이는 거냐는 의미이다.
You know ~? 형태로 표현한다. 의문문이 목적절로 쓰이면 평서문의 형태로 바뀐다.

네가 지금 찾고 있는 게 뭔지 나한테 말해.

【사전 점검】 '나한테 말해'는 tell me로 표현한다. '~가 무엇인지'는 what it is ~의 형태로 말한다.
전치사의 목적이 앞으로 나가면 전치사는 뒤에 남는다.

Tell me what it is you're looking for.

154. make up one's mind [결심하다, 결정하다]

자신만의 생각을 만든다는 의미의 표현이다. 그래서 '결심하다'의 뜻으로 사용한다.
make up은 '없던 것을 만들어내다', mind는 '생각'이다.

난 아직 결심을 못했어.

【사전 점검】 '아직 ~이 아니다'는 과거에 시작한 일에 대한 결말을 아직 맺지 못했다는 의미이므로
'현재완료'을 이용해서 표현한다. '아직'에 해당되는 어휘를 생각할 필요가 없다.

너 마음의 결정은 내린 거야?

【사전 점검】 '마음의 결정을 내리다'는 make up one's mind로 표현한다.
'마음의 결정은 내린 거야'는 '이미 결심한 거야'를 뜻한다. '이미 결심하다'의 중심 시제는 '현재완료'이다.

Have you made up your mind?

155. lose track of time [시간을 놓치다, 시간 가는 줄 모르다]

시간의 길과 방향을 잃었다는 의미의 표현이다. 그것은 결국 '시간 가는 줄 모르다'의 의미가 된다. track은 '이동하는 방향', 즉 '진로(進路)'를 의미한다.

회사에서 일하느라 시간 가는 줄 몰랐어.

【사전 점검】 '회사에서 일하느라'는 at work로 간단히 표현한다. work에 '직장', '회사' 등의 의미가 있다.

걔 시간 가는 줄 몰랐지. 그러지 말라고 내가 완전 경고했었는데.

【사전 점검】 한글의 두 문장을 영어로는 한 문장으로 표현 가능하다. '그러지 말라고'는 앞 문장 전체를 받는 관계대명사 which를 이용한다. '완전'은 totally, '~에 대해서 경고하다'는 warn about ~으로 표현한다.

He lost track of time, which I totally warned him about.

156. take care of [~을 돌보다, ~을 신경 쓰다]

사람이나 일, 상황 등을 관심을 갖고 잘 보살핀다는 의미의 표현이다. care는 '보살핌',
'주의' 등의 뜻이며 take care는 '보살핌을 가져가다', '보살피다' 등으로 이해한다.

너 그 손가락 신경 써라.

【사전 점검】 '그 손가락 신경 써라'는 '그 손가락에 문제가 있으니 잘 보살피라'는 의미이다.
명령문의 형태로 표현한다.

내가 꼭 처리해야 할 일이 좀 있어.

【사전 점검】 '꼭 ~을 하다'는 '~을 하지 않으면 문제가 생긴다'는 느낌이다. have to 를 이용한다.
'할 일'은 some business로 표현한다. '내가 ~이 있다'는 영어에서는 '내가 ~을 가지고 있다'로 표현한다.

**I've got some business that I have
to take care of.**

157. take forever [아주 오랜 시간이 걸리다]

영원히, 아주 오랜 시간이 걸린다는 의미이다. 동사 take에 '시간이 ~ 걸리다'의 의미가
포함되어 있으며 forever는 부사로서 '영원히', '아주 오랜 시간' 등의 의미를 갖는다.

그거 정말 시간 오래 걸릴 수 있어요.

【사전 점검】 '~일 수 있다'는 것은 '가능성'을 말한다. 가볍게 표현할 때는 can을,
정중하거나 점잖게 표현하고 싶으면 could를 이용한다.

이러다가 이거 하루 종일 걸리겠네.

【사전 점검】 '이러다가 이거'는 this로 가볍게 표현한다. '하루 종일 걸리겠네'의 시제는 '미래'이며 이미 그럴 거라고
확실시 되는 상황이다. 하루 종일 걸린다는 것은 먼 미래가 아니라 지금 당장 눈 앞에 닥친 사건이나 사태를
말하는 것이다. 이럴 때는 '현재진행형'을 이용해서 '미래'를 말한다.

This is taking forever.

158. take a walk [산책하다]

밖에 나가서 걷는다는 의미의 표현이다. 그래서 '산책하다'가 된다. a walk는 '걷는 행위'를 뜻하며 take는 '~을 선택하다', '~을 가져가다'의 의미를 갖는다.

우리 주변 산책 잠깐 하자.

【사전 점검】 '주변'은 around로 표현한다. '산책하다'는 take a walk, '잠깐 산책하다'는 take a little walk라고 한다.

같이 좀 걸을까?

【사전 점검】 '같이 좀'은 with me로 가볍게 표현한다. 한글을 곧이곧대로 영어단어를 찾아가며 번역하는 것은 옳지 않다. 상황과 분위기에 맞는 영어단어, 또는 표현을 찾아내야 한다. ~할까?'라고 캐주얼하고 물을 때는 Do you want to ~, 또는 축약 시켜서 Want to ~ 형태를 이용한다.

Want to take a walk with me?

159. take off [떠나다, 자리를 뜨다, 퇴근하다]

있던 자리에서 일어나 그곳을 벗어난다는 의미의 표현이다. take에는 '이동'의 개념이
포함되어 있고 off은 '떼어 놓다', '자리에서 움직이다' 등의 의미이다.

나 그만 가봐야겠어.

【사전 점검】 '~을 해야겠다'가 순간적인 의지라면 will을, 진작부터 생각했던 의지라면 be going to를 이용해서 표현한다.
'그만' 은 특별한 어휘의 선택 없이 '의지' 안에 포함시켜서 처리한다.

난 자리를 뜨는 게 낫겠어.

【사전 점검】 '내가 ~하는 것이 낫겠다'는 그것이 옳은 행위이기 때문에 내가 하는 것이 좋다고 말하는 것이므로
조동사 should를 이용한다. '낫다'가 아니라 '낫겠다'는 단정짓는 것이 아니라 '아마 그럴 것 같다'는 추측의
부드러운 느낌이다. probably로 표현한다.

I should probably take off.

160. let down [~을 실망시키다]

사람의 마음과 기를 꺾어 놓고 결국은 실망하게 만든다는 의미의 표현이다.
누군가의 마음을 아래로 떨어지게(down) 만든다(let)는 것이다.

그녀를 실망시키려던 게 아니었어.

【사전 점검】 '~하려던 게 아니었어'는 '진작부터 의도한 게 아니었어'라는 의미이다. 그럴 때는 didn't mean to ~, 또는 was not going to[gonna] 를 이용한다. be going to ~는 '진작부터 ~하려고 하다'의 뜻이다.

인디아나 문제로 실망시켜서 정말 미안해.

【사전 점검】 '당신을 실망시키다'는 let you down, '~관한 문제로 당신을 실망시키다'는 let you down about ~로 표현한다. '정말 미안해'는 말 그대로 be really sorry 형태를 이용한다.

I'm really sorry to let you down about Indiana.

161. make a decision [결정하다, 결정을 내리다]

충분한 시간을 두고 생각한 이후에 마음의 결정을 내린다는 의미의 표현이다.
결정(decision)을 만들어낸다(make)는 것이다.

우리가 지금 내려야 할 결정이 있어.

【사전 점검】 '결정을 내리다'는 make a decision, '내려야 할 결정'은 'a decision to make',
'내려야할 결정이 있다'는 have a decision to make로 표현한다.

지금 우리가 반드시 해야할 건 몇가지 결정을 내리는 겁니다.

【사전 점검】 '우리가 반드시 해야하다'는 we have to do나 we need to do로 표현하고 '우리가 반드시 해야할 것'은
what we have to do, what we need to do 정도로 표현한다. '몇가지 결정을 내리다'는 make some decisions라고 한다.
단수, 복수의 개념에 신경 써야한다.

What we need to do is make some decisions.

162. drop by [들르다, 잠깐 방문하다]

사전에 약속 없이 인사차, 또는 어디를 가는 길에 잠깐 들른다는 의미의 표현이다.
지나가다가(by) 자신의 몸을 어느 장소에 슬쩍 떨어뜨린다(drop)는 것이다.

이렇게 들러주셔서 정말 감사합니다.

【사전 점검】 '이렇게 들러주셔서'에서 '이렇게'는 별 의미 없이 던지는 말이다.
따라서 for dropping by 정도로 표현한다.

친절하게도 이렇게 찾아주셔서 고마웠습니다.

【사전 점검】 '친절하게도 ~해주셔서 고마웠습니다'는 특별히 '고맙다'는 단어를 쓰지 않아도 '친절하게도(kind, sweet)'
안에 그 느낌이 포함된다. 그럴 때는 '당신이 찾아준 것'이 고마운 것이므로 sweet of you to drop by 형태를 이용한다.
진짜 주어는 to drop by이며 가주어로 문장이 시작된다.

It was sweet of you to drop by.

163. look after [~을 돌보다, ~을 맡다]

사람을 돌본다 거나 어떤 일을 맡아서 처리한다는 의미의 표현이다.
뒤에서 쫓아다니면서(after) 신경 써 본다(look)는 뜻이다.

그들은 서로를 돌볼 수 있는 처지야.

【사전 점검】 '돌보다'는 look after, '서로를 돌보다'는 look after each other로 표현한다.
'~을 할 수 있는 처지다'는 그저 '~을 할 수 있다'로만 처리한다. 가능성과 능력을 의미하는 조동사 can을 이용한다.

네가 네 동생을 좀 돌봐 줘야겠다.

【사전 점검】 '네가 ~을 좀 해줘야겠다'는 지금 내가 그것을 할 수 없는 상황이므로 '네가 꼭 ~을 좀 해줘야겠다'는 의미이
다. 그렇게 '반드시 ~을 해야 된다'는 상황을 말할 때는 need to를 이용한다.
결국 이 문장은 I need you to ~형태를 이용해서 표현한다.

I need you to look after your sister.

164. look into [~을 들여다보다]

무언가의 안을 들여다 보면서 생각을 한다든지 뭔가를 파악한다는 의미의 표현이다.
안으로 깊숙이 들어가서(into) 찬찬히 신경 쓰면서 들여다본다(look)는 뜻이다.

내 눈을 똑바로 봐봐.

【사전 점검】 내 눈을 똑바로 보라는 것은 내 눈동자의 색깔이나 모양을 보라는 것이 아니라 내 눈 속을 성의 있게,
그리고 진심으로 들여다보면서 내 말을 듣거나 같이 생각하자는 뜻이다. look into my eyes로 표현한다.

내 눈을 잘 봐. 뭔가 좀 친숙한 것 같지 않아?

【사전 점검】 '눈을 잘 봐'는 '눈을 잘 들여다 봐'이며 look into one's eyes 형태를 쓴다. '뭔가'는 anything이며
'친숙한'은 familiar, '친숙한 것 같다'는 seem familiar로 표현한다. 주어를 생략한 명령문은 생략하지 않은 경우보다
명령의 의미가 강하게 느껴진다.

> **Look into my eyes. Does anything
> seem familiar?**

165. put up with [~을 참다, ~을 견디다]

불편한 상황이나 사람을 불평 없이 받아들인다는 의미의 표현이다. 안 좋은 상황이나
마음에 들지 않는 사람과 함께(with) 머문다(put up)는 뜻이다.

그가 이런 일을 절대 참고 넘어가면 안돼.

【사전 점검】 '이런 일'은 그저 this로 표현한다. '이런 일을 참고 넘어가야 된다'는 have to put up with this로,
'이런 일을 절대 참고 넘어가면 안된다'는 never have to put up with this로 표현한다.

나는 그가 어떻게 그런 상황을 참고 견뎌내는지 모르겠어.

【사전 점검】 '그런 상황'은 that으로 표현한다. '참고 견뎌내다'는 put up with이며 '나는 모르겠다'는 I don't know를
이용한다. I don't know 이후에 나오는 절은 의문사가 쓰였더라도 의문문의 형태가 아닌 평서문의 형태를 이용해야 한다.

I don't know how he puts up with that.

166. move out [이사 나가다]

살던 곳을 정리하고 다른 곳으로 이주하거나 이사한다는 의미의 표현이다.
머물던 곳에서 나와(out) 몸과 짐을 이동시킨다(move)는 뜻이다.

내 유일한 진짜 관심사는 그들이 이사 나가는데 걸리는 시간이야.

【사전 점검】 '관심사'는 concern으로 표현하고 '유일한 진짜 관심사'는 only real concern이다. '그들이 이사 나가는데 걸리는 시간'은 달리 말하면 '그들이 이사 나가는데 시간이 얼마나 걸릴까'의 느낌이다. how long will it take them to ~ 형태로 표현하며 이것이 의문문이 아닌 보어로 쓰이면 평서문의 형태가 된다.

라스베가스로 이사 갈 생각이었어요.

【사전 점검】 '~로 이사 가다'는 move out to ~로 표현하고 '~할 생각이었다'는 I thought I would ~구문을 이용한다.

I thought I'd move out to Las Vegas.

167. turn out [결과적으로 ~의 상태임이 드러나다]

어떤 일이 결과적으로 어떤 모습을 드러내거나 어떤 상태로 밝혀진다는 의미의 표현이다.
끝까지 가보니 결국(out) 어떤 상태가 된다(turn)는 뜻이다.

그 일은 결국 잘 해결 될 거야.

【사전 점검】 '그 일'은 It로 간단히 처리한다. 부사 out에는 '처음부터 끝까지'의 의미가 포함되어 있다.
그래서 '결국 ~일 거야'에 out의 활용이 필요하다. '결국 잘 해결되다'는 turn out well이다. 이 문장은 '확신'이라기 보다는
불확실성을 기반으로 한 희망이기 때문에 will을 이용한다.

인생은 항상 계획하는 대로 결과가 나타나는 건 아니야.

【사전 점검】 '인생'은 life이다. '항상 ~인 건 아니다'는 부분 부정에 해당되어 not always를 이용한다.
'계획하는 대로'는 '계획하는 방법으로'의 의미이기 때문에 the way you plan으로 표현하다.

> **Life doesn't always turn out the way you plan.**

168. remind A of B [A에게 B를 생각나게 하다]

뭔가를, 또는 누군가를 보면 어떤 일이, 또는 어떤 사람이 생각난다는 의미의 표현이다.
누군가에게 뭔가를 상기시킨다는 의미를 remind가 가지고 있다.

그를 보면 나는 내 남편 생각이 나.

【사전 점검】 '그를 보면'은 '그가' 로 해석해서 He만으로 간단히 처리한다.
'나는 ~이 생각나'는 '내가 ~을 생각나게 하다'의 의미로 바꾸어서 remind me of ~ 형태로 표현한다.
결국 영어에서는 "그가 내게 내 남편을 생각하게 만든다."로 말을 바꾸어 표현하는 것이 자연스럽다.

이곳에 오면 난 무엇이 생각나는 줄 알아?

【사전 점검】 '이곳에 오면' 을 조건으로 처리하지 않고 the place로 간단히 처리한다.
'무엇이 생각나는 줄' 은 '무엇이 생각나게 만드는 줄' 이다. remind me of what으로 표현한다. '알아?' 는 You know?이다.

> **You know what this place
> reminds me of?**

169. take a bath [목욕하다]

몸을 깨끗이 씻기 위하여 목욕한다는 의미의 표현이다. 목욕(bath)을 받아들인다(take)는 뜻이다. 동사 take가 '자기 소유로 가져가다', '뭔가를 받아들인다'는 의미를 갖는다.

항상 바지를 입고 목욕해요?

【사전 점검】 '항상'은 현재시제만으로도 표현 가능하지만 의미의 강조를 위해서 always를 사용할 수 있다. '바지를 입고'는 '바지를 입은 상태로'의 뜻이다. 전치사 in이 '~을 입은 상태인'의 의미를 전한다. '바지'는 pants, 또는 trousers라고 한다.

나 목욕해야 돼.

【사전 점검】 '~을 해야 된다'는 것이 현재의 정황상 꼭 그렇게 해야겠다는 의미라면 have to를 이용해서 표현한다.

I have to take a bath.

170. show up [나타나다, 모습을 드러내다]

누군가 기다리고 있는 장소에 모습을 드러내거나 전혀 기대하지 않았던 사람이 어떤 장소에 나타난다는 의미의 표현이다. 몸을 완전히(up) 드러내 보인다(show)는 뜻이다.

제이크가 나타나서 안부인사를 전할 지도 몰라.

【사전 점검】 '~일지도 몰라'는 가능성은 희박하지만 '그래도 ~일지 모른다'는 느낌이다. 조동사 might가 필요하다. '희박한 가능성'에 제격이다. '안부인사를 전하다'는 say hello, say hi, say hey 등을 이용한다.

네 동생이 확실히 모습을 드러낼까 궁금하네.

【사전 점검】 '~일까 궁금하다'는 wonder if ~ 구문을 이용한다. '확실히 ~을 할까'는 '확실한 미래'에 해당된다. 따라서 be going to ~로 표현한다.

I wonder if your brother is going to show up.

171. hold on to [~을 꽉 붙들고 있다]

물건이나 사람을 꽉 붙들고 있거나 어떤 생각과 소신을 흔들리지 않고 계속 고수한다는
의미의 표현이다. 계속(on) 뭔가를 고수하고 지킨다(hold to)는 뜻이다.

놀라지 마시고 모자 꽉 붙들고 계세요, 여러분.

【사전 점검】 '모자를 꽉 붙들고 있다'는 hold on to one's hat로 표현한다.
이 말은 관용표현으로 '놀라지 않다'의 의미를 갖는다. '여러분'은 특별한 단어보다는 hat를 복수로 사용하는 것이 좋다.

당신을 끝까지 붙들지 못해서 미안해.

【사전 점검】 '당신을 끝까지 붙들다'는 hold on to you라고 표현한다. '계속'의 의미인 on을 '끝까지'의 느낌으로
처리한다. '~해서 미안하다'는 I'm sorry 이후에 '절(節)'로 표현한다.

I'm sorry I didn't hold on to you.

172. in charge of [~을 책임지고 있는]

특별한 일을 책임지고 있거나 뭔가를 담당하고 있다는 의미의 표현이다.
어떤 일에 있어서(of) 책임과 담당(charge) 안에 놓여 있다(in)는 뜻이다.

TRANSFORMERS: AGE OF EXTINCTION

저는 부검 담당자였습니다.

【사전 점검】 '부검'은 autopsy, '부검 직무'는 autopsy duty로 표현한다.
'부검 담당자'는 결국 '부검 직무를 책임지고 있다'는 의미이다. in charge of autopsy duty로 표현한다.

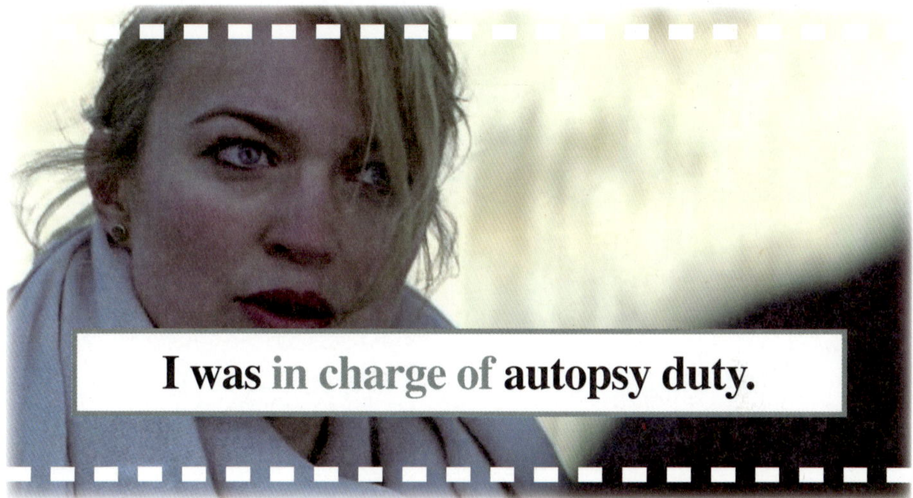

FOREVER YOUNG

다른 담당자 분과 대화를 좀 해야겠습니다.

【사전 점검】 '다른 담당자'는 someone else in charge로 표현한다. '~을 담당하다'에 필요한 전치사 of를 쓰지 않고 그저
'담당자'라는 말만 하고 싶다면 in charge만을 이용한다. '대화를 좀 해야겠다'는 대화의 필요를 강력하고
주장하는 말이다. need to talk를 이용한다.

> **I need to talk to someone else
> in charge.**

173. for a living [생계수단으로, 밥벌이로]

어떤 일을 할 때 그것이 생계수단임을 의미하는 표현이다. 생계(living)를 위해서(for) 움직인다는 뜻이다. 보통 do for a living의 형태로 직업을 말한다.

당신은 내 직업이 무엇인지 짐작할 수 있잖아요.

【사전 점검】 '내 직업이 무엇인지'는 what I do for a living이라고 표현한다. 만일 "직업이 뭐에요?"를 묻고 싶다면 What do you do for a living?이라고 한다. '당신은 ~을 짐작할 수 있다'는 You can guess ~로 표현한다.

생계를 위해서 일을 좀 해보지 그래요?

【사전 점검】 '생계를 위해서'는 '생계수단으로'의 의미이다. for a living으로 표현한다. '~을 해보지 그래?'는 권유의 구문으로써 Why don't you ~?의 형태로 말한다. 따라서 '일을 좀 해보지 그래?'는 Why don't you work?로 표현하게 된다.

Why don't you work for a living?

174. make sure [확인하다, 확실하게 하다]

원가가 약속대로 이행되고 있는지, 또는 원가가 내 생각대로 제대로 진행되고 있는지를 확인한다는 의미의 표현이다. 어떤 상황을 확실하게(sure) 만든다(make)는 뜻이다.

난 그냥 네가 괜찮은지 확인하고 싶어서.

【사전 점검】 '네가 괜찮은지'는 '네가 괜찮다'의 뜻이다. you're okay로 표현한다.
'난 그냥 ~하고 싶어서'는 I just want to[wanna] ~ 구문을 이용해서 표현한다.

모든 창문 다 올렸는지 확인해.

【사전 점검】 '확인해'는 make sure로 명령한다. '창문을 올리다'는 보통 roll up the windows라고 한다. roll up이
손잡이를 돌려서 올리는 경우이지만 버튼을 누르는 경우도 똑같이 roll up으로 표현한다. You rolled up the windows는
'네가 창문을 다 올렸다'이고 다른 사람이 올린 경우를 포함해서 get the windows rolled up를 사용하는 것이 더욱 적절하다.

> ## Make sure you've got all the windows rolled up.

175. get used to [~에 익숙해지다]

어떤 일이나 움직임에 자주 노출되어서 어색하지 않고 익숙해진다는 의미의 표현이다.
어딘가에(to) 충분히 노출되고 사용되어진다(get used)는 뜻이다.

A BEAUTIFUL MIND

너 지금 계산 착오에 아주 익숙해지고 있는 거야.

【사전 점검】 '익숙해지고 있다'는 진행형을 이용하여 be getting used to의 형태로 표현한다.
'계산 착오'는 miscalculation이다. '아주'는 강조부사로서 quite를 이용한다.

ANYWHERE BUT HERE

너 그런 일에 익숙해져야 돼.

【사전 점검】 '그런 일'은 단순히 it로 표현한다. '~해야 돼'를 말할 때는 '어쩔 수 없이 그렇게 해야 되는 상황',
'당연히 그렇게 해야 되는 상황', '강요로 인해서 그렇게 해야 되는 상황' 등이 포함된다.

You have to get used to it.

176. on one's way [오는(가는) 중인]

지금 어느 장소로 가고 있다든지 오고 있는 경우, 또는 지금 막 출발한다는 경우에
사용하는 표현이다. 지금 이미 가거나 와야 할 길(way) 위에(on) 올라 서 있다는 뜻이다.

그녀가 지금 오는 중이야. / 그녀 지금 가는 중이야.

【사전 점검】 '지금'은 특별한 어휘를 사용하지 않고 '현재 시제', 또는 '현재진행시제'로 표현할 수 있다.
'오는 중'과 '가는 중'은 대화의 상태에 따라서 얼마든지 바꿔서 말할 수 있다. 둘 다 on her way이다.

나 지금 가는 중이야. / 지금 바로 출발 할게.

【사전 점검】 '가는 중이다'와 '바로 출발 할게'에 모두 해당되는 표현을 찾기란 쉽지 않다.
'가는 중'은 '이미 길 위에 들어선 상태'를 말하고 '바로 출발 할게'는 몸은 아직 아니지만 '마음은 이미 길 위에 들어선
상태'임을 간접적으로 나타낸다. 따라서 둘 다 on my way로 표현할 수 있다.

I'm on my way.

177. out of control [통제불능의]

어떤 사람이나 일, 또는 시스템 자체가 전혀 통제할 수 없는 상황에 이르러서 엉망이 된 상태임을 뜻하는 표현이다. 통제권(control)에서 벗어난(out of) 상태라는 뜻이다.

그가 코너를 돌아 정신없이 빠른 속도로 튀어나왔어요. 통제불능으로요.

【사전 점검】 '코너를 돌아'는 around the corner로 표현한다. '정신없이 빠른 속도로 움직이다'는 tear를 쓰며 '정신없이 빠른 속도로 튀어나오다'는 come tearing을 이용한다.

우리 복지 시스템이 지금 완전 통제불능 상태에요.

【사전 점검】 '복지'는 welfare이며 '우리 복지 시스템'은 our welfare system으로 표현한다. 복지 시스템이 완전 통제불능이라는 것은 시스템이 엉망이라서 제대로 가동시킬 수가 없다는 뜻이다. out of control이다.

Our welfare system is out of control.

178. stay away from [~에 가까이 하지 않다]

사람이나 어느 장소에 가까이 다가가지 않고 떨어져 있거나 완전히 외면한다는 의미의 표현이다. 누군가로부터(from) 항상 떨어져서(away) 머무른다(stay)는 뜻이다.

그냥 나한테서 떨어져요, 제발.

【사전 점검】 '그냥'은 just로 표현한다. '나한테서 떨어져요'는 '내 곁에 머물지 말아요', '내 곁에 다가오지 말아요', '나를 그냥 외면하세요' 등의 의미이다. 이것을 stay away from me로 표현한다. '제발'은 please이다.

당신이 너무 매운 건 어떤 거든 먹지 말았으면 좋겠어.

【사전 점검】 '너무 매운 건 어떤 거든'은 anything too spicy로 표현한다. '먹지 말았으면'은 '가까이 하지 말았으면'과 같다. '당신이 ~하면 좋겠어'는 I want you to ~ 형태로 표현한다.

I want you to stay away from anything too spicy.

179. check out [끝까지 확인하다]

어떤 일이 사실인지, 정확한 건지, 어떤 사람이 정직한 건지, 속임수가 있는 건 아닌지 등을 정확하게 끝까지 확인해본다는 의미의 표현이다. 끝까지(out) 빈틈없이 확인한다(check)는 뜻이다.

그거 끝까지 잘 한번 확인해봐.

【사전 점검】 '끝까지'의 의미가 out에 있다는 사실을 기억해야 한다. 그래서 '끝까지 잘 한번 확인하다'를 check out으로 표현한다. '~해봐'는 강력한 권유의 의미로 보아 should를 이용한다.

그 웹사이트를 잘 확인해봐야 돼.

【사전 점검】 '~을 잘 확인하다'는 '~을 구석구석 잘 확인해보다'의 의미이다. check out ~의 형태로 표현한다. '~해봐야 돼'는 이 문장의 정황상 단순한 권유가 아니라 '그렇게 해야만 하는 절박한 상황', '꼭 그렇게 해야 하는 상황' 등으로 보인다. got to[gotta]가 좋다.

You gotta check out the website.

180. count on [~을 믿다, ~을 신뢰하다]

사람이나 그 사람의 말을 신뢰하고 의지한다거나 어떤 일이 일어날 것에 대한 신뢰, 그리고 계획이 순조롭게 진행될 것에 대한 신뢰 등을 의미하는 표현이다. 뭔가에(on) 오류가 없음을 인정하고 정확히 셈 안에 넣어서 센다(count)는 뜻이다.

난 항상 그녀를 신뢰할 수 있어.

【사전 점검】 '~을 할 수 있어'는 '가능성'을 말한다. 조동사 can이 필요하다. '그녀를 항상 신뢰하다'는 always count on her라고 간단히 말할 수 있다. 같은 상황에서 trust her라 표현해도 좋다.

자네가 내 오른 팔이 될 거라는 사실을 나는 의심치 않아.

【사전 점검】 '~을 믿어 의심치 않아'는 '~을 믿는다'는 말을 강조하는 표현이다. 이럴 때는 진행형을 사용할 수 있다. be counting on ~의 형태이다. '내 오른 팔'은 my right-hand이며 '내 오른 팔이 될 거라는 사실'은 '미래'의 의미를 뜻하는 부정사를 써서 to be my right-hand로 표현한다.

I'm counting on you to be my right-hand.

181. go over [~을 점검하다, ~을 검토하다]

서류나 회의, 또는 앞으로 있을 일에 대해서 미리 확인하고 문제는 없는지 다시 한번 검토한다는 의미의 표현이다. 몸을 움직이는 것만 go가 아니라 생각의 움직임도 go이다. 전체적으로(over) 미리 생각해보고 훑어본다(go)의 뜻이다.

우리가 전체적으로 모든 걸 다 검토한 거 맞아?

【사전 점검】 '전체적으로 모든 걸 다'는 everything으로 간단히 표현한다. 우리말을 영어로 이해할 때는 우리말에 해당되는 어휘들을 함축적으로 표현하는 영어 어휘를 생각해내는 연습이 중요하다. 그래야 영어를 한글로 바꿀 때도 정확한 의역을 해낼 수 있다.

퇴근 후에 빌과 형편없는 칵테일 한 잔 했어. 포트폴리오 검토하면서.

【사전 점검】 '형편없는 칵테일 한 잔 했다'는 had one lousy cocktail이라 한다. '퇴근 후에'는 after work이며 '~하면서'는 우리말처럼 영어에서도 자연스럽게 현재분사(진행행)를 뒤에 붙여 표현한다.

I had one lousy cocktail with Bill after work going over the portfolio.

182. take one's time [천천히 하다]

무슨 일을 할 때나 말할 때, 또는 어떤 행위를 할 때 서두르지 않고 천천히 한다는 의미의 표현이다. 자기에게 주어진 시간(one's time)을 서두르지 않고 최대한 다 가져간다(take)는 뜻이다.

서두르지 말고 천천히 잘 하세요.

【사전 점검】 '서두르지 말고'를 Don't hurry라고 굳이 말할 필요는 없다. '천천히 잘하다'에 그 뜻이 모두 포함되어 있기 때문이다. 우리말의 전체적인 분위기는 Just(그냥)을 넣어주면서 자연스럽게 표현된다.

그걸 하기에는 여기가 최적인 장소야. 하지만 서두르지 말고 천천히 해야 돼.

【사전 점검】 '그걸 하기에는'은 to do it으로 표현하며 '여기'는 here가 아니라 This, '최적인 장소'는 the best place이다. 뒤에 이어지는 두 문장은 take your time 안에 모든 의미가 포함된다.

> **This is the best place to do it. But you gotta take your time.**

183. come out [밖으로 나오다]

특정한 장소에서 일을 하다가, 또는 그동안 해오던 준비가 끝났을 때 밖으로 나온다는 의미의 표현이다. 어느 장소 안에서 밖으로(out) 나온다(come)는 뜻이다.

정리가 다 되면 밖으로 나와.

【사전 점검】 우리말의 분위기상 '밖으로 나와'는 명령이 아니라 '허락'이다. 따라서 You can come out 정도의 표현이 적당하다. '정리가 다 되면'은 '조건'이 아니라 '때'를 의미한다. 그래서 if가 아닌 when이 좋다. '정리가 다 되면'과 '준비가 다 되면'은 다르다. '정리가 다 되다'는 be settled이다.

너 지금 나올 수 있어?

【사전 점검】 '너 ~할 수 있어?'의 상황은 '능력'이 아니라 '가능성'을 나타내고 있다. 어떤 경우이든 조동사 can을 사용해서 질문한다. 밖으로 나올 수 있는 몸 상태인지, 분위기인지, 아니면 마음가짐인지 등을 묻는 말이다.

Can you come out?

184. turn down [~을 거절하다, ~을 거부하다]

누군가의 제안을 받아 들이지 않고 거절하거나 거부한다는 의미의 표현이다. 누군가의 제안이 적힌 종이를 읽고 난 후에 그대로 두지 않고 돌려서(turn) 내려 놓는다(down)는 뜻이다.

네가 그 제안을 거절하지 않았으면 좋았을 걸.

【사전 점검】 '~이었으면 좋았을 걸'을 가정법으로 표현한다. 그 중에 I wish ~, 즉 '나의 소망'으로 표현하면 좋은 문장이다. 두 사람 사이의 대화이므로 '제안'을 the offer나 the suggestion가 아닌 it로만 처리해도 좋다. 상황에 따라서 '과거완료'나 '과거'가 모두 표현 가능한 문장이다.

그 은행에서 너한테 대출해주기를 거절하지 않았어?

【사전 점검】 '너를 거절하다'로 표현한다. turn you down이다. 그 뒤에 거절의 대상을 전치사 for를 써서 표현한다. for a loan이다.

Didn't that bank turn you down for a loan?

185. put through [전화 연결해 주다]

비서나 다른 담당자가 전화를 받은 상황에서 전화를 건 사람이 원하는 사람을
연결해준다는 의미의 표현이다. 전화 대기중인 사람을 연결시키라고 말할 때도 쓴다.
두 사람 사이를 전화로 통하게(through) 해놓는다(put)는 뜻이다.

바로 연결해 드리겠습니다.

【사전 점검】 '바로'는 부사 right으로 표현한다. '바로 ~해 드리겠습니다'는 순간적인 자기 의지의 표현이다. I will[I' ll]를 이
용해서 말한다. '당신을 (~에게) 연결시키다'는 put you through로 표현한다. 만일 '~에게'까지 필요하다면
put you through to ~ 구문을 이용한다.

그녀 연결해줘요.

【사전 점검】 우리말에서는 이런 경우에 '그녀'를 말하지 않지만 영어에서는 분명한 명시가 필요하다.
전화 대기 중인 그녀를 내게 연결하라는 말이다. to me를 뒤에 말할 필요가 전혀 없는 상황이다.

Put her through.

186. by any chance [혹시]

확신할 수 없는 상황에서 상대에게 일말의 가능성을 두고 어떤 일이 가능한지, 어떤 것을 알고 있는지, 또는 어떤 물건을 소지하고 있는지를 물을 때 사용하는 표현이다. 어떤 우연이라도(any chance) 그것에 근거해서(by) 뭔가가 가능한가의 뜻이다.

혹시 믿을만한 지도책 있어요?

【사전 점검】 '믿을만한'은 reliable로 표현한다. '믿고 신뢰할 수 있는'의 뜻이다. '지도책'은 atlas, 따라서 '믿을만한 지도책'은 a reliable atlas이다. '〜이 있어요?'를 그들은 '〜을 가지고 있어요?'로 표현한다.

혹시 잭이라는 사람 알아요?

【사전 점검】 '잭이라는 사람'은 a Jack이라고 표현한다. 사람 이름 앞에 a를 쓰면 '〜같은 사람', '〜라는 사람' 등의 의미를 전한다. know someone은 '누군가를 개인적으로 잘 안다'는 의미이다.

Do you know a Jack, by any chance?

187. without (a) doubt [의심할 여지없어]

어떤 사실이나 일의 결과를 말할 때 의심할 여지없이 분명하다는 의미의 표현이다.
의심이나 의혹(doubt)같은 것은 전혀 없다(without)는 뜻이다.

의심할 여지없이 그는 바로 지금 그걸 마무리하고 있을 겁니다.

【사전 점검】 '지금'은 at this moment, '바로 지금'은 at this very moment라고 표현한다
'마무리하다'는 complete을 이용하고 '그걸 마무리하고 있다'는 be completing it로 표현한다.

틀림없이 걔 지금 그리로 가는 거야.

【사전 점검】 '그리로', '거기로' 등에 해당되는 표현은 by there이고 '그리로 가다'는 go by there이다.
'지금 ~로 가는 거야'는 be going by there로 표현한다.

He's going by there without a doubt.

188. help out [~을 도와주다]

특별히 바쁜 일이 있거나 무슨 문제가 생겨서 도와준다는 의미의 표현이다. 일반적인
도움인 help와는 다르다. 끝까지(out) 문제해결을 위해서 도움을 주다(help)의 뜻이다.

그들은 도움이 될만한 또 다른 피고측 변호사를 불러들일 거야.

【사전 점검】 '또 다른'은 another로 표현하며 '피고측 변호사'는 defense attorney라고 한다. '불러들이다'는
bring in이며 '도움이 될만한 또 다른 변호사'는 another defense attorney to help out으로 표현한다.

저 좀 도와줄 수 있으세요?

【사전 점검】 정중하게 '~해줄 수 있으세요?'를 물을 때는 Would you ~? 구문을 사용하는 게 좋고
동사 mind를 사용하여 정중도를 더 높일 수 있다. mind의 목적어는 동명사를 사용한다.

Would you mind helping me out?

189. run out of time [시간이 다 되다]

주어진 시간이 다 되었거나 예정된 시간이 다 되었을 때 사용하는 표현이다.
시간이 다 떨어진(out of time) 상태가 된다(run)는 뜻이다.

나 지금 시간 없어. 거의 다 됐다고.

【사전 점검】 '지금 시간 없다'는 것은 내게 주어진 시간이 다 끝났다는 의미이다. 그리고 '거의 다 됐다'를 통해서
'거의 끝나 감'을 뜻한다. 이 두 의미를 묶으면 진행형을 써서 be running out of time으로 표현할 수 있다.

우리에게 주어진 시간이 거의 끝나간다는 게 난 두려워.

【사전 점검】 '두렵고 무서운'은 terrified를 이용한다. 그래서 '나는 ~이 두려워'를 I'm terrified ~로 표현한다.
'우리에게 주어진 시간'은 별도의 표현이 필요한 것이 아니라 time 안에 포함된다.

I'm terrified that we're running out of time.

190. figure out [~을 이해하다, ~을 알아내다]

어떤 사람이나 사실, 사건 등을 끝까지 파악해서 결국 그것을 이해하거나 그것에 대해서 알아낸다는 의미의 표현이다. 끝까지(out) 뭔가를 판단한다(figure)는 뜻이다.

다른 규칙들은… 계속 하다 보면 알게 될 거야.

【사전 점검】 '다른 규칙들'은 the other rules로 표현한다. '계속 하다 보면'은 '계속 생활이나 활동을 해나가면서'와 같아서 as you go along 정도로 표현할 수 있다. '~일 거야'는 '아마도'의 느낌이라서 will을 이용한다.

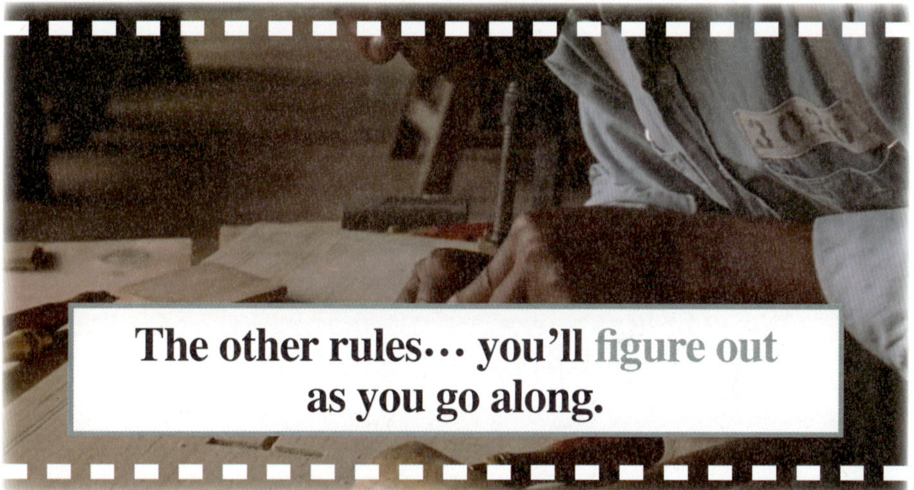

자네가 그것을 이해하게 되다니 정말 기쁘군.

【사전 점검】 '~이 정말 기쁘다'는 I'm so glad ~로 표현한다. '그것을 이해하게 되다'는 과거시제를 이용해서 figured it out으로 표현할 수 있다. 끝까지 충분한 판단을 통해서 뭔가를 이해하게 된다는 근본 뜻을 기억해야 한다.

I'm so glad you figured it out.

191. get away [벗어나다, 휴가를 가다]

누군가로부터, 어떤 상황으로부터, 어떤 조건이나 환경으로부터 벗어나거나 휴가를 떠난다는 의미의 표현이다. 눈에 띄지 않는 곳으로(away) 가버린다(get)는 뜻이다.

저는 그냥 벗어나고 싶었어요, 그게 다에요.

【사전 점검】 '그냥 ～하고 싶었다'는 wanted to ～로 간단히 표현한다. '그냥'의 느낌이 wanted에 포함된다.
want는 '필수'가 아닌 '선택'이기 때문이다. '그게 다'를 말할 때는 that's all로 표현한다.

남편과 며칠 동안 휴가를 좀 떠나고 싶어.

【사전 점검】 '며칠 동안'은 for a few days로 표현한다. '남편과'를 영어에서는 반드시 '내 남편과'로 표현한다.
'～하고 싶어'는 want to ～ 구문을 이용한다.

**I want to get away for a few days
with my husband.**

192. take a shower [샤워를 하다]

샤워실 안이나 샤워기 아래에서 물을 틀고 샤워를 한다는 의미의 표현이다.
샤워(a shower)를 내 것으로 가져가서(take) 즐긴다는 뜻이다.

난 가서 샤워를 하고 싶은데.

【사전 점검】 '가서 샤워하다'는 go and take a shower로 표현한다. 여기에 속도감을 높여서 '가서 바로 샤워하다'의
느낌을 주려면 and를 생략하고 go take a shower로 표현한다.

난 위층에 가서 찬물로 샤워를 해야겠어.

【사전 점검】 '위층에 가서'는 go upstairs로 표현한다. '찬물로 샤워하다'는 take a cold shower이며 '~을 해야겠어'가
순간적인 결심일 경우에는 will, 진작부터 그럴 생각이었으면 be going to를 이용해서 표현한다.

**I'm gonna go upstairs and take a
cold shower.**

193. get lost [길을 잃다]

길을 가다가 방향을 잃고 헤맨다는 의미의 표현이다. 실제로 걷거나 차를 운전하다가
길을 잃은 경우에 사용한다. 길을 잃은(lost) 상태가 된다(get)는 뜻이다.

늦어서 미안해. 길을 잃었어.

【사전 점검】 '늦어서 미안해.'는 내가 이미 늦은 상태라서 미안하다는 의미이다. I'm sorry I'm late. 로 표현한다.
만일 '늦은 이유'를 강조해서 미안하다고 말한다면 I'm sorry for being late. 라고 한다.

내가 거기에서 잠시 길을 잃고 좀 헤맸어.

【사전 점검】 '잠시'는 for a while 정도로 표현한다. '길을 잃고 헤맸어'를 단순히 과거로 표현할 수도 있지만
과거진행으로 표현함으로써 의미를 강조할 수 있다. was getting lost이다.

I was getting lost there for a while.

194. look forward to [~을 몹시 기다리다]

어떤 순간이나 상황, 또는 어떤 시기를 간절히, 목놓아 기다린다는 의미의 표현이다.
어딘가를 향해서(to) 목을 빼고(forward) 바라본다(look)는 뜻이다.

우린 그의 최신 업적을 몹시 기대하고 있어.

【사전 점검】 '업적'은 marvel로 표현하며 '최신 업적'은 newest marvel이다. '몹시 기대하고 있다'는
지금 그 기다림이 일상이 되어버렸다는 느낌으로 look forward to를 쓰며 지금 현재의 간절한 기다림을 강조할 때는
be looking forward to로 표현한다.

밥은 그를 만나기를 몹시 기다리고 있었어.

【사전 점검】 '~을 몹시 기다리다'에서 look forward to에 쓰인 to는 부정사가 아니라 전치사이다. 따라서 그 뒤에는
동사 원형이 아닌 동명사가 오게 된다. look forward to meeting him으로 표현한다.

**Bob was looking forward to
meeting him.**

195. work on [~의 작업을 하다]

어떤 특정한 일을 놓고 집중적으로 작업한다는 의미의 표현이다.
뭔가를 주제로(on) 그 안에서 여러가지 일과 작업(work)을 한다는 뜻이다.

너는 지금 무슨 작업을 하고 있는 거야?

【사전 점검】 '지금 ~을 작업하고 있다'는 진행형을 이용해서 be working on으로 표현한다.
'지금 무슨 작업을 하고 있다'는 be working on what이며 이것을 의문문의 형태로 정확히 표현해야 한다.

나는 지금까지 7년 동안 이 프로젝트 작업을 해왔어.

【사전 점검】 '지금까지 ~작업을 해왔다'는 과거에서 지금까지 계속 이어지고 있는 작업이며 앞으로도
계속될 느낌이라서 현재완료 진행형으로 표현한다. '이 프로젝트'는 그대로 this project라 한다.

**I've been working on this project
for seven years.**

196. pick up [~을 찾아오다]

어디에 맡긴 물건이나 사람을 찾아오거나 데려온다는 의미의 표현이다.
빠짐없이 완전히(up) 집어서 가지고 온다(pick)는 뜻이다.

블라니크에서 내 신발을 찾아와.

【사전 점검】 '~에서'는 '어디에 뭔가를 맡겨 두었으니 거기에 가서'의 의미이다. 전치사 from으로 간단히 표현한다.
'~에서 내 신발을 찾다'는 pick up my shoes from ~의 형태를 이용한다.

가서 너를 데려오라고 브라이언을 보냈을 텐데.

【사전 점검】 '~일 텐데'는 가정법 과거, '~했을 텐데'는 가정법 과거완료로 표현한다. 따라서 '~을 보냈을 텐데'는
would have sent ~ 형태를 이용한다. '너에게 간다'를 말할 때는 go가 아닌 come을 이용한다.

**I would have sent Brian to come
and pick you up.**

197. **work out** [성공적이다, 해결되다]

뭔가가 끝까지 효과적으로 이루어져서 잘 해결되다, 또는 성공적으로 이루어진다는
의미의 표현이다. 처음부터 끝까지(out) 효과를 발휘한다(work)는 뜻이다.

그 방법은 실제로 성공적이지 않았다.

【사전 점검】 '그 방법을 썼더니 그건 효과를 보지 못했다'는 의미이다. '그 방법'은 That으로 간단히 표현한다.
'실제로'는 really이며 '성공적이지 않았다'는 didn't work out이다.

모든 일이 네 입장에서 잘 해결되고 있으니 기쁘구나.

【사전 점검】 '기쁘구나'는 glad로 표현한다. '네 입장에서'는 '너를 위해서'의 뜻이다. for you라고 한다.
'잘 해결되고 있다'는 것은 현재 진행의 느낌을 전한다. '모든 일'은 everything이다.

**I'm glad everything's working out
for you.**

198. come up with [~을 생각해내다, ~을 내놓다]

뭔가 새로운 아이디어나 생각을 떠올려서 남들에게 제시한다는 의미의 표현이다.
뭔가를(with) 마음 속에 떠올린다(come up)는 뜻이다.

그 남자가 자동차 범퍼에 붙이는 광고 스티커 슬로건을 생각해냈어.

【사전 점검】 '그 남자'는 That guy, That fellow[fella], That man 등으로 표현할 수 있다. '자동차 범퍼에 붙이는 광고 스티커 슬로건'은 a bumper sticker slogan이라고 한다. 슬로건은 '구호'라는 뜻이다.

자, 모두들 뭔가 좋은 아이디어를 좀 생각해내 보세요.

【사전 점검】 '자,'에 해당하는 어휘는 now이다. '~해보세요'는 '~하기를 원한다'는 느낌이다. 따라서 I want ~ 형태를 이용한다. '모두들'은 everybody이며 '뭔가 좋은 아이디어'는 간단히 something이라고 말할 수 있다.

Now I want everybody to come up with something.

199. deal with [~을 처리하다, ~을 감당하다]

어떤 일이나 상황, 또는 사람을 다루고 처리한다는 의미이며 그것을 감당하고 해결해 나간다는 뜻이다. 같은 의미로 handle을 흔히 사용한다.

GOOD WILL HUNTING

난 이런 내 삶을 이대로 감당해 나가고 있는 거야.

【사전 점검】 '이런 내 삶'을 my life로 표현한다. '이대로 감당해 나가고 있다'는 것은 평소의 상태를 말하는 것이므로 다른 어휘를 통해서 표현하지 않고 '현재시제'를 이용해서 말한다.

ME, MYSELF & IRENE

네 자신의 문제들을 해결할 수 없다면 다른 문제들이야 해결하기 힘든 거지.

【사전 점검】 '네 자신의 문제들'은 your own problems로 표현한다. '다른 문제들'은 other problems, 또는 others라고 말하며 '~하기 힘들다'는 it's hard to ~ 형태를 이용한다.

If you can't deal with your own problems, it's hard to deal with others.

200. get over [~을 극복하다, ~을 이겨내다, ~을 잊다]

힘든 상황이나 어려운 일, 또는 병을 이겨내고 극복해낸다는 의미의 표현이다. 또는 어떤 충격을 마음 속에서 완전히 털어내고 잊는다는 의미이다. 앞에 놓인 장애물을 넘어(over)간다(get)는 뜻이다.

I DON'T KNOW HOW SHE DOES IT

아이들은 분리불안 증세를 2년에 걸쳐 극복해낸다.

【사전 점검】 '분리불안 증세'는 separation anxiety이다. '2년에 걸쳐'는 '기간이 2년에 이른다'는 느낌이다. by two years로 표현한다. '아이들'은 children이다.

AMERICA'S SWEETHEARTS

너와 에디 사이에 있었던 일을 나는 잊을 수가 없어.

【사전 점검】 이럴 때의 '잊을 수가 없어'는 단지 기억에서 잊는 forget이 아니라 마음 속에서 완전히 지우는 것을 뜻한다. '있었던 일'은 what happened이며 '너와 에디 사이에'는 with you and Eddie로 표현한다.

**I can't get over what happened
with you and Eddie**

★★★★★★★★★★★

영화 속

최고 활용 빈도
관용 표현

100

MOVIE

201. have a brain

[머리가 좋다]

뇌가 있다는 말은 '똑똑하다', '머리가 좋다' 등의 의미이다. 반대로 '뇌가 없다'라고 하면
'머리가 나쁘다', '똑똑하지 않다' 등의 뜻을 갖는다.

202. pull strings

[영향력을 발휘하다, 빽을 쓰다]

줄(string)을 당겨서(pull) 인형을 조종하는 '꼭두각시인형'에서 유래한 표현이다.
'줄을 당긴다'는 것은 인형을 조종한다는 의미라서 '누군가를 뒤에서 조종하다',
'영향력을 발휘하다', '빽을 쓰다' 등의 의미를 갖게 된다.

203. ballpark figure

[대강의 숫자]

야구장(ballpark)에 모인 사람들의 숫자(figure)라는 의미이다. 그 숫자를 육안으로 어찌 정확히 알 수 있을까? 그래서 '대강의 숫자'를 의미한다.

204. rain cats and dogs

[비가 억수같이 쏟아지다]

모래밭 운동장에 고양이와 개를 수 십 마리씩 풀어놓고 싸움을 붙인 상태에서 터져 나오는 모래 먼지와 고양이, 개들의 아우성 소리를 감상하는 과거 그들의 풍습에서 유래한 표현이다. 그 소리와 분위기가 비가 억수같이 내릴 때의 그것과 흡사하다 해서 만들어졌다.

205. knock down with a feather

[간 떨어지게 하다, 무척 놀라게 하다]

사람이 너무 놀란 상태라서 새의 깃털 하나(a feather)로만 톡 건드려도 기절하고
쓰러질 정도(knock down)라는 의미의 표현이다.

THE PAINTED VEIL

206. Tom, Dick, and Harry

[어중이떠중이]

미국인의 대표적인 이름들이다. 우리나라에서 김씨, 이씨, 박씨 등을 지칭하는 것과 같다.
가장 흔한 이름이라 해서 '어중이떠중이', 심하게 속어로 말하면 '개나 소나'의 의미로 이해한다.

NEVER BEEN KISSED

207. beat one's brains out

[최선을 다하다, 온 힘을 다하다]

좌뇌, 우뇌를 두들기 듯(beat) 매우 굴려서 그 뇌들(brains)이 밖으로(Out) 터져 나올 지경이라는 말이다. 많은 생각을 통해서 뭔가를 해내려고 온 힘을 다하는 모습이다.

NEVER BEEN KISSED

208. blow off steam

[울분을 터뜨리다]

머리와 가슴에 찬 화와 분노가 마치 뜨거운 증기(steam)와 같아서 그것을 밖으로 뿜어낸다(blow off)는 의미의 표현이다. 우리말의 '울분을 터뜨리다'가 감정과 분위기에 가장 잘 맞는 해석이다.

MAN ON THE MOON

209. put one's foot down

[단호한 태도를 취하다, 자기의 뜻을 굽히지 않다]

자신의 의지가 워낙 강해서 어떤 설득이나 협박에도 흔들리지 않고 발(foot)을 땅에 붙인 채 (put down) 절대 꼼짝하지 않는 모습니다.

MAN ON THE MOON

210. skeleton in the closet

[나만의 치부, 남에게 알리고 싶지 않은 좋지 않은 비밀]

남에게 절대 알려서는 안 되는 나만의 비밀, 내 가족의 치부는 집 안의 벽장(closet) 안에 꼭꼭 숨겨서 아무도 들여다보지 못하게 한다. 그건 마치 섬뜩한 해골(skeleton)을 벽장에 숨겨 둔 것과 비교된다.

A GOOD WOMAN

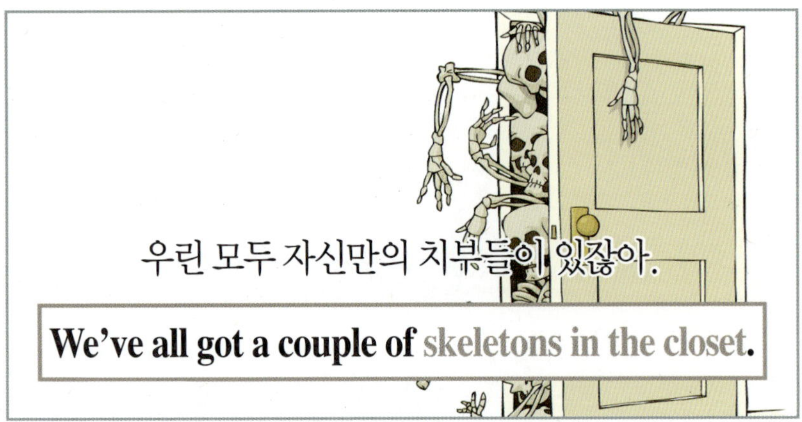

211. go back to the drawing board

[처음부터 다시 시작하다, 백지로 돌리다]

일을 진행하던 중에 뭔가가 잘못 되어서 처음으로 돌아가 다시 계획을 잡고 시작해야 된다는
의미이다. 처음 설계도를 그리는 제도판(drawing board)로 다시 돌아간다(go back to)는 뜻이다.

212. born yesterday

[풋내기인, 쉽사리 속는]

어제(yesterday) 태어난(born) 아이라면 누구나 식은 죽 먹기로 속일 수 있다는 의미이다.
세상 물정 모르고 쉽게 속아넘어가는 사람에게 사용한다.

213. take a rain check

[나중으로 미루다, 나중을 기약하다]

누군가와의 만남이나 계획의 진행, 물건의 구매 등이 당장에 이루어질 수 없어서 나중으로 미룬다는 의미의 표현이다. 비가 와서 연기된 시합의 경우 rain check을 가지고(take) 다음에 오면 무료로 볼 수 있다는 상황에서 파생된 표현이다.

CHARLIE'S ANGELS

지금 말고 나중에 하자고.

I'll take a rain check.

214. call it a day

[하던 일을 마무리하고 그만하다]

일을 하다가 정해진 시간이 되어 하루(a day)를 마무리하는 것으로 간주하고(call) 일을 끝낸다는 의미의 표현이다. 어떤 형태의 일이든 하루 중에 그 일을 끝낼 때 사용한다.

ROGER DODGER

I actually was about to call it a day.

215. in over one's head

[감당하기 힘든 일에 연루된]

자신의 머리 위까지(over one's head) 차 오를 정도의 힘들고 어려운 일에 너무 깊이 빠져들어(in)
헤어나오지 못한다는 의미의 표현이다.

TAIL LIGHTS FADE

216. pull the rug out from under

[뒤통수를 치다]

한 동안 보내주던 도움, 후원, 믿음 등을 한 순간에 저버리고 등을 돌린다는 의미이다.
발 밑에(under)에 양탄자(rug)을 깔아주고 편히 지내라 하더니 갑자기 그것을 잡아 당겨서(pull)
빼버린다(out)는 뜻이다.

TAIL LIGHTS FADE

217. get cold feet

[갑자기 무서워지다, 주눅들다]

뭔가 시도하려는 데 갑자기 긴장이 되고 불안, 초조한 증상이 생긴다는 의미의 표현이다. 호기 좋게 맨발로 바다에 뛰어들다가 차가운 바닷물에 발이 차가워지면서(get cold feet) 갑자기 움찔하는 모습에 비유한 표현이다.

RUMOR HAS IT…

218. cut to the chase

[본론으로 들어가다]

본론과 무관한 이야기로 대화 분위기를 만들다가 어느 순간 본론을 추적(chase)하는 일로 분위기를 바꾼다(cut to)는 의미의 표현이다.

HULK

219. **let the bed bugs bite**

[잘 때 편히 자지 못하다]

침대 위에서 잠을 자다가 벌레들(bed bugs)이 물면(bite) 자는 중에도 물린 자국을 계속 긁어야 하는 불편함이 생기며 그러다 보면 당연히 잠을 편히 잘 수가 없다. 그런 상황에 빗대어 파생된 표현이다.

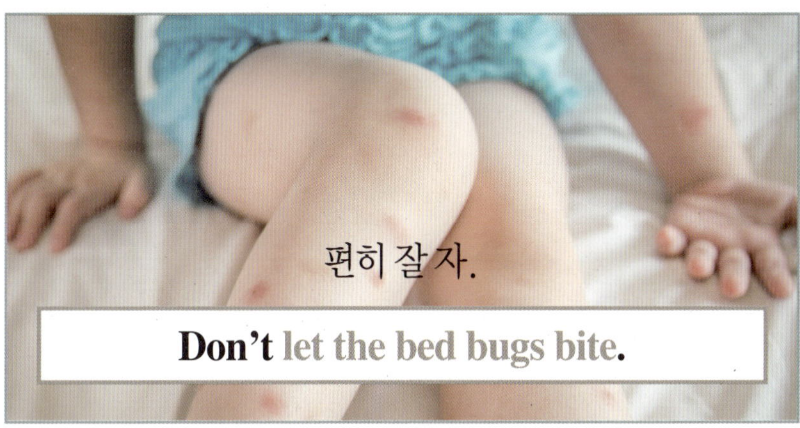

220. **get the ball rolling**

[일을 시작하다]

어떤 활동, 일, 또는 토의를 시작한다는 의미의 표현이다. 축구시합 시작 전에 하프 라인에 공을 세워 놓고 주심이 호각을 불면 서 있던 공(ball)을 발로 툭 차서 구르게(rolling) 만듦으로써(get) 시합이 시작된다.

221. ring a bell

[들어본 적이 있다]

이야기를 듣고 뭔가가 살짝 기억나는 것 같다는 의미의 표현이다. 미로 속에 놓인 쥐가 출구를 찾을 수 있도록 출구에서 종(bell)을 울린다(ring)는 상황에서 비롯된 표현이다.

FRIED GREEN TOMATOES

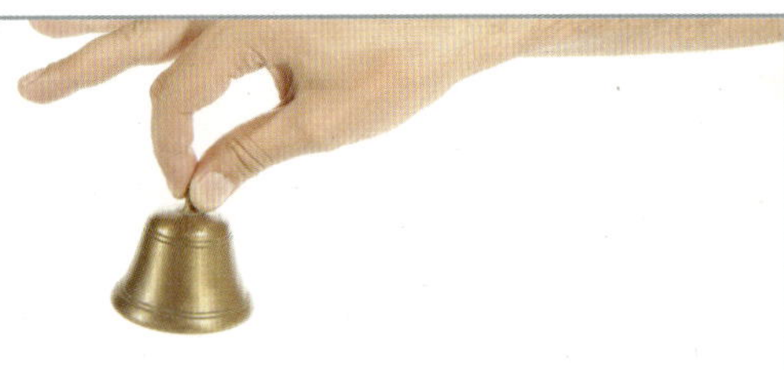

222. a pain in the ass

[골칫거리]

어떤 일이나 사람이 성가시고 골칫거리라는 의미의 표현이다. 엉덩이(ass)에 종기가 생기면 특히 앉을 때 통증(pain)과 함께 여러가지로 여간 불편한 게 아니다. 엉덩이의 통증은 정말 골치 아픈 존재이다.

RED EYE

223. sell like hotcakes

[불티나게 팔리다]

뭔가가 날개 돋친 듯이, 또는 미친듯이 잘 팔려 나간다는 의미이다. hotcake는 pancake라고도 한다.
미국인의 대표적인 아침식사 메뉴이지만 하루 중에 늘 먹을 수 있는 음식이기 때문에 hotcake처럼
팔린다면(sell) 그 물건은 정말 불티나게 팔리는 것이다.

13 GOING ON 30

224. cat got one's tongue

[꿀 먹은 벙어리]

고양이(cat)가 혀(tongue)을 물어간 것(got)처럼 입을 함구하고 아무런 말을 하지 않는다는
의미의 표현이다.

THE OTHERS

225. mind p's and q's

[언행을 조심하다]

사람들 앞에서 공손한 태도와 예의를 잃지 말라는 의미의 표현이다. 평소에 please(p's)와 thank you(q's)를 잘 사용하면서 행동하라는 뜻이다.

MONA LISA SMILE

226. get down to brass tacks

[본론으로 들어가다, 핵심을 언급하다]

대화 중에, 또는 어떤 일을 하는 중에 지금부터 요점(brass tacks)에 집중해보자(get down to)는 의미로 사용하는 표현이다. 망치로 '놋쇠 못(brass tacks)'을 정확이 내리치는(get down to) 느낌을 전한다.

BRUCE ALMIGHTY

227. born with a silver spoon in one's mouth

[부자로 태어나다, 유복한 가정에서 태어나다]

자신의 입에(in one's mouth) 은수저를 물고(with a silver spoon) 태어났다(born)는 의미의 표현이다.
유복한 가정에서 태어남을 뜻한다.

2 DAYS IN THE VALLEY

228. beat around the bush

[말을 빙빙 돌리다, 횡설수설하다]

핵심을 말하지 않고 딴 소리만 계속 한다는 의미의 표현이다. 덤불(bush) 안에 숨은 토끼를 잡기
위해서 덤불 주위를(around) 톡톡 치면서(beat) 토끼를 덤불 중앙으로 몰고 들어가는 상황에서
파생된 표현이다.

FAR FROM HEAVEN

229. call it quits

[피장파장이다, 하던 행위를 멈추다]

남에게 졌던 신세를 갚았거나 빌린 돈을 갚았을 때, 또는 뭔가 복수를 했을 때 사용하는 표현이다.
때로는 해오던 행위를 멈춘다는 의미로 쓰이기도 한다. quits는 '비긴', '피장파장인' 등의 의미이다.

TWO WEEKS NOTICE

230. a basket case

[가망[희망]이 없는 사람]

경제적 능력이 전혀 없으며 아무런 희망도 보이지 않는 사람을 가리켜서 사용하는 표현이다.
바구니(basket)처럼 사지가 절단된 환자(case)을 뜻한다.

LAUREL CANYON

231. mum's the word

[함구하다, 아무에게도 말하지 않다]

어떤 비밀을 아무에게도 말하지 않고 비밀을 지키겠다는 의미의 표현이다. 입을 다물고 '음~' 소리를 내는 경우이다. '음(mum)'이 내가 할 수 있는 말(the word)의 전부라면 결국 비밀을 지키겠다는 뜻이다. mum에는 '침묵'이라는 의미가 포함되어 있다.

MOVIE ▶ SWEET HOME ALABAMA

232. play it by ear

[즉흥적으로 하다, 그때그때 봐서 처리하다]

어떤 일을 할 때 미리 계획을 세우지 않고 상황 봐서 즉흥적으로 한다는 의미의 표현이다. 악보를 보면서 미리 준비한 후에 연주하는 것이 아니라 그냥 귀로 들으면서(by ear) 즉흥적으로 연주한다(play)는 데에서 파생되었다.

MOVIE ▶ FLED

233. out of one's league

[수준을 월등히 넘어선]

경제적으로나 사회적으로 범접할 수 있는 경지에 이른 상태임을 의미하는 표현이다. 내가 속한 리그(my league)에서 완전히 벗어나(out of) 나로서는 감당할 수 없는 지경에 있다는 뜻이다.

CRUEL INTENTIONS

234. get the green light

[허락을 받다]

어떤 계획이나 프로젝트의 진행에 공식적인 허락을 받는다는 의미의 표현이다. 신호등이 녹색불(the green light)을 받으면(get) 사람이나 자동차가 앞으로 진행한다는 데에서 파생된 표현이다.

TRAINING DAY

235. spit in the wind

[자기 얼굴에 침 뱉다, 자멸적인 행위를 하다]

어떤 말이나 행동이 결국 자기에게 해가 되어서 돌아온다는 의미의 표현이다.
나를 향해서 바람이 불고 있는데(the wind) 거기에 대고 침을 뱉는다(spit)는 데에서 파생되었다.

236. on the house

[주인이 돈을 내는, 주인이 서비스로 대접하는, 공짜인]

특별한 행사나 기념할 일이 생겨서 가게에서 손님에게 무료로 음식을 제공한다는 의미이다.
가게(the house)에서 돈을 지불한다(on)는 뜻이다.

237. break the ice

[어색한 분위기를 깨다]

서로 아는 사람들이 없어서 생긴 어색하고 썰렁한 분위기를 누군가 부드럽게 만들어준다는
의미의 표현이다. 얼음 같은 분위기(the ice)를 깬다(break)는 뜻이다.

PRETTY WOMAN

238. under the weather

[약간 몸이 편치 않다]

특별한 이유 없이 몸이 약간 불편하거나 기분이 우울하다는 의미의 표현이다.
날씨(the weather)에 짓눌린 듯한(under) 느낌이라는 뜻이다.

BULWORTH

239. call a spade a spade

[자기 생각을 솔직하게 말하다]

비록 공손하지 못한 태도라 해도 직접적이고 정직하게 어떤 상황에 대해서 말한다는 의미의 표현이다.
spade(땅을 파는 용: 땅에 닿는 부분이 직사각형)와 shovel(흙이나 돌을 옮기는 용: 끝이 뾰족한 모양)을
혼동하지 않고 spade를 정확히 spade라고 부른다(call)는 데에서 파생된 표현이다.

MOVIE BULWORTH

240. nip in the bud

[미연에 방지하다]

좋지 않은 결과가 예상되거나 흠이 될만한 일이 있으면 그것이 처음 시작되는 싹(the bud)일 때
바로 잘라버린다(nip)는 의미의 표현이다.

MOVIE BULWORTH

241. talk turkey

[진지하게 대화하다]

비즈니스 할 때 상대가 자꾸 다른 이야기를 하거나 말을 돌리면 그런 소리 말고 진지하게 대화를
하자는 의미로 사용하는 표현이다. 까마귀 얘기만 하는 백인에게 원주민이 까마귀 얘기하면서
핵심을 돌리지 말고 이젠 중요한 터키 얘기나 하자고 말한 데에서 비롯된 표현이다.

THE FAMILY MAN

242. have a bad hair day

[뜻대로 되지 않는 날이다, 왠지 일이 잘 풀리지 않는 날이다]

하루 종일 일이 꼬이고 불편한 날을 의미하는 표현이다. 왠지 머리가 마음에 들지 않아서(bad hair)
하루 종일 머리에 손이 가는 날에 비유되었다.

MISS CONGENIALITY

243. hold one's horses

[천천히, 조심스럽게 행동하다, 신중하게 결정하다]

어떤 행동을 할 때나 결정을 내릴 때 서두르지 않고 침착하게, 그리고 신중하게 하라는 의미의 표현이다.
흥분해서 날뛰는 말(horses)의 고삐를 잡고(hold) 말을 진정시킨다는 데에서 나온 표현이다.

MAN OF THE YEAR

244. long face

[시무룩한 얼굴, 우울한 얼굴]

뭔가에 실망하거나 실패했을 때, 또는 몹시 피곤할 때 얼굴(face)이 길어(long) 보인다고 말하는
데에서 파생된 표현이다.

TRAINING DAY

245. have a false alarm

[거짓 신고를 받다]

누군가 사실과는 다른 거짓된 신고나 정보를 줘서 한바탕 난리가 났다는 의미의 표현이다.
거짓(false) 경고나 신호(alarm)을 받았다(have)는 뜻이다.

246. in one piece

[안전하게, 무사히]

사고가 나서 골절이 생기면 몸에서 뼈가 떨어져 나가는 것이므로 one piece에서 여러 piece로
나뉘게 된다. 따라서 one piece는 '안전'의 상징이다.

247. run in the family

[유전이다, 집안 내력이다]

한 집안 사람들에게 공통적으로 내려오는 성격이나 병을 말할 때 사용하는 표현이다.
가족 안에(in the family) 흐르는(run) 피는 어쩔 수가 없다는 뜻이다.

248. Dear John

[절교장]

오랜 세월 미국에서 가장 유명한 이름은 John이다. 세계 전쟁이 한창일 때 외국에 주둔했던 많은
병사들의 이름이 John이었다. 그들의 애인이나 부인은 길어지는 전쟁을 견디다 못해 군인 애인과
남편들에게 Dear. John으로 시작하는 절교 편지를 쓰기 시작했다. Dear John이 생긴 유래이다.

249. go out of one's way

[일부러 애써서 ~을 하다]

누군가를 돕기 위해서 그의 부탁을 받은 게 아니면서도 애써서 노력한다는 의미의 표현이다.
자기가 갈 길을 벗어나면서까지(out of one's way) 남을 돕기 위해서 간다(go)는 뜻이다.

CHANCES ARE

250. bottom line

[핵심, 요점, 가장 중요한 것]

뭔가의 총계를 낼 때 숫자를 쭉 적어놓고 맨 마지막에 줄(bottom line)을 그은 후에 그 아래에 총계
숫자를 적는다. 그 줄을 긋지 않으면 총계가 나올 수 없으므로 마지막 줄(bottom line)은 가장 중요한
요소이다.

BASEKETBALL

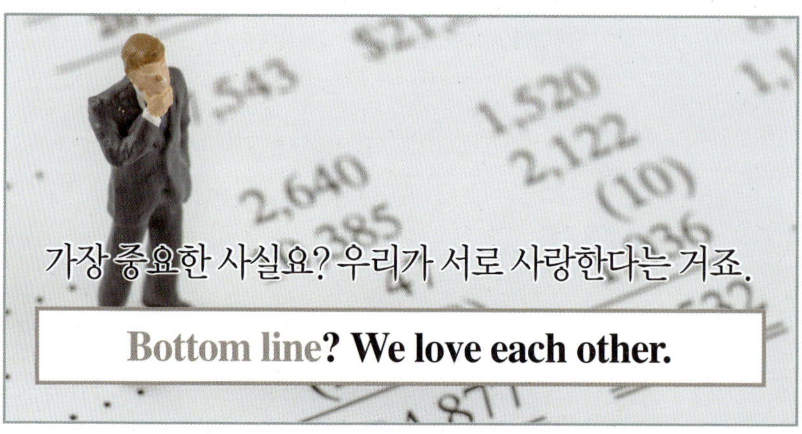

251. step on one's toes

[성나게 하다, 발을 밟다]

남의 권한을 침범해서 그 사람을 화나게 하거나 남의 사생활을 방해해서 열 받게 할 때 사용하는 표현이다. 내 발가락(my toes)을 제멋대로 밟고 올라서는(step on)는 느낌이다.

252. in one ear, out the other

[한 쪽 귀로 듣고 한 쪽 귀로 흘리다, 쇠귀에 경 읽기]

말 그대로 무슨 말을 하면 한 쪽 귀로 들어간(in one's ear) 후에 바로 다른 쪽 귀로 나간다(out the other)는 뜻이다. 절대 말을 듣지 않는다는 의미이다.

253. go through the roof

[치솟다, 급등하다]

가격이나 비용이 아주 높은 위치까지 상승한다는 의미의 표현이다. 지붕을(the roof) 뚫고
올라갈(go through) 기세임을 뜻한다.

UNDER THE TUSCAN SUN

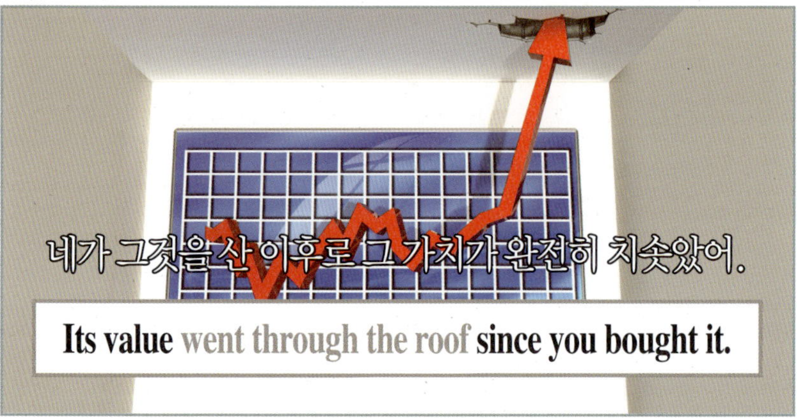

254. keep up with the Joneses

[필요에 의해서가 아니라 단지 남에게 뒤지지 않으려고 행동하거나 물건을 사다]

1913년에 The New York World 및 다른 많은 신문에 연재되었던 만화 제목 Keeping Up with the
Joneses에서 나온 표현이다. 만화에는 실제 존스 부부가 등장하지는 않지만 주인공인 McGinis
가족이 이웃인 돈 많고 사회적 위치가 높은 존스 부부를 따라하려고 애쓰는 모습을 그리고 있다.

MONA LISA SMILE

255. have a ball

[신나게 즐기다]

마음껏 즐긴다는 의미의 표현이다. ball은 '공'이 아니라 '무도회'를 뜻한다.
따라서 '무도회를 갖다'가 속뜻이라서 '신나게 놀다'가 되는 것이다.

256. fingers crossed

[행운을 빌다]

누군가에게 행운을 빈다고 말할 때 사용하는 표현이다. 중지를 검지 위에 올려 놓으면 그것이
십자가 모양(crossed)이 되어서 '행운'의 상징이 된다는 데에서 나온 표현이다.
I'll keep my fingers crossed for you.를 줄인 표현이다.

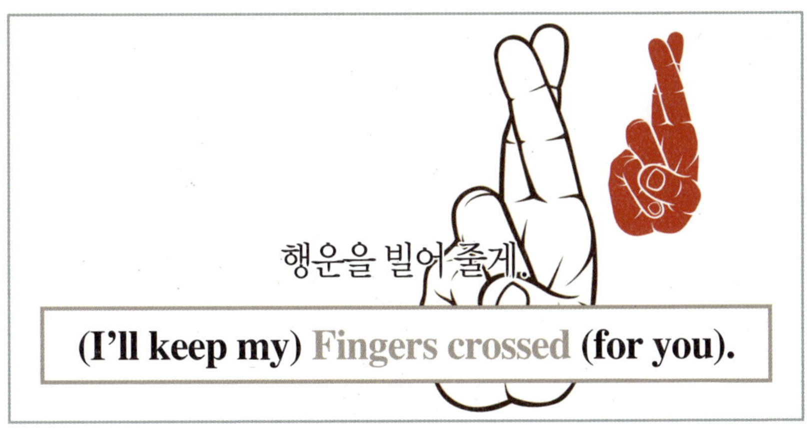

257. It's cake.

[아주 쉽다, 식은 죽 먹기]

뭔가 아주 쉬운 일이라는 강조의 표현이다. 원래 It's a piece of cake.에서 축약된 말이다.
'케이크 한 조각 먹는 것처럼 수월한 일'이라는 뜻이다.

A WALK TO REMEMBER

258. take to the cleaners

[속여서 ~의 돈을 몽땅 빼앗다]

누군가를 속이고 사기 쳐서 완전히 빈털터리로 만든다는 의미의 표현이다. 누군가를 데리고(take)
세탁소(the cleaners)로 가서 옷을 다 벗기고 세탁 시킨다는 느낌이다.

THE WHOLE NINE YARDS

259. below the belt

[비겁한, 부당한]

말이나 행동이 정당하지 않고 비겁하다는 의미를 전할 때 사용하는 표현이다. 권투에서 허리띠(belt) 아래를(below)를 가격하면 반칙이 되어 벌점을 받는 경우에서 파생된 표현이다.

260. bend over backwards

[안간힘을 쓰다, 무진 애를 쓰다]

뭔가를 해내기 위해서 무진 애를 쓴다는 의미의 표현이다. 몸을 앞으로 구부리는 것(bend over)도 아니고 뒤로 젖히면서(backwards)까지 뭔가를 하려고 애쓴다는 뜻이다.

261. call the shots

[명령하다, 통제하다, 좌지우지하다]

한 사람에 의해서 분위기가 달라지고 일의 진행이 결정될 정도면 모든 게 그 사람의 통제하에 있다는 의미의 표현이다. 군에서 명령권을 쥔 자가 발사(shots) 명령을 한다(call)는 데에서 나온 표현이다.

SIMPLY IRRESISTIBLE

262. ball in one's court

[스스로 결정하다]

남에게 물을 필요 없이 스스로 알아서 결정한다는 의미의 표현이다. 나의 테니스 코트 안에(in my court) 공이(ball) 있다면 그 공을 상대방 코트의 어느 부분에 보낼 것인가는 내가 결정할 문제라는 데에서 파생되었다.

BASEKETBALL

263. with flying colors

[성공적으로]

시험이나 수술 등을 아주 성공적으로 통과했다는 의미의 표현이다. 어떤 일에 성공했을 때 깃발(colors)을 날리며(flying) 기뻐한다는 데에서 파생된 표현이다.

264. make a scene

[소란을 피우다, 난리를 치다]

공공장소에서 소란을 피우지 말라는 의미의 표현이다. 주변에서 관심을 갖게끔 싸움 같은 특별한 상황(scene)을 만들면서(make) 난리를 친다는 뜻이다.

265. break the news

[안좋은 소식을 전하다]

누군가에게 알리고 싶지 않은 좋지 않은 소식을 전한다는 의미의 표현이다. 나쁜 소식(news)을
알리지 못하다가 결국 누군가가 그 소식을 입밖에 낸다(break)는 뜻이다.

 COLOR OF NIGHT

266. grin and bear it

[쓴 웃음을 지으며 참고 견디다]

고통스러운 일이나 실망스러운 일이 있더라도 그저 웃음 한번 짓고 견딘다는 의미의 표현이다.
소리없이 활짝 웃고(grin) 견딘다(bear)는 뜻이다.

 DISCLOSURE

267. a long shot

[성공할 것 같지 않아도 시도할 만한 값어치가 있는 계획]

계획 중에 시도 자체가 값어치 있고 아주 의미 있는 것, 하지만 성공의 가능성은 희박한 것을 가리키는 표현이다. 사격이나 양궁, 또는 골프에서 거리가 너무 멀어서 과녁이나 홀에 맞추거나 넣기가 힘든 경우, 하지만 시도해야 하는 경우에서 나온 표현이다.

AMERICAN PIE

268. read between the lines

[행간을 읽다, 말의 속뜻을 파악하다]

상대가 말은 그렇게 하지만 진짜 의도하는 바는 다를 경우, 그 의도를 읽는다는 의미의 표현이다. 마치 책 속의 행간(between the lines)을 파악하는 것에 빗대어 나온 표현이다.

CHASING AMY

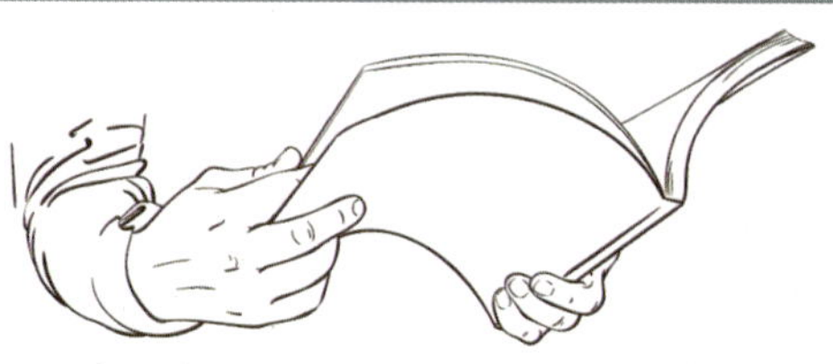

for a rainy day

[어려울 때를 대비해서]

경제적으로 힘들고 어려울 때를 대비해서 뭔가를 준비하고 저축을 한다는 의미의 표현이다.
맑은 날은 좋은 날, 비가 오고 궂은 날(a rainy day)은 어려울 때를 상징한다.

MOVIE MONEY TRAIN

어려울 때를 대비해서 그 동안 저축해 놓은 거야.

I've been saving it for a rainy day.

270.

His bark is worse than his bite.

[말은 거칠어도 본심은 그렇지 않다]

그가 말은 심하게 해도 심성은 부드럽고 좋은 사람이라는 의미의 표현이다. 개가 짖는
소리가(His bark) 실제 무는 것(his bite) 보다 더 거칠고 나쁘다(worse)는 데에서 나온 말이다.

MOVIE SCENT OF A WOMAN

말처럼 그렇게 거친 사람 아니야.

His bark is worse than his bite.

271. get on one's nerve

[신경을 건드리다, 짜증나게 하다]

어떤 일로 사람을 신경 쓰이게 하고 짜증나게 한다는 의미의 표현이다.
신경 위에(on one's nerve) 올라탄다(get on)는 뜻이다.

 MOVIE THE CLIENT

272. meal ticket

[돈줄, 밥줄]

진심이나 사랑은 전혀 오간데 없고 돈이나 먹을 것의 수단으로만 이용되는 사람을 가리키는 표현이다.
사람을 밥 먹을 때 사용되는 식권(meal ticket)에 비유했다.

 MOVIE ERIN BROCKOVICH

273. up to one's neck in

[~이 목에 까지 차 있는, ~에 파묻힌]

일이 너무 많아서 어쩔 줄 모르는 상태임을 뜻하는 표현이다. 일이 산더미처럼 쌓여서 목까지 올라찬 상태(up to one's neck)이고 일을 해야 하는 사람의 입장에서는 그 많은 일에 푹 빠진(in) 상태임을 말한다.

FOOLS RUSH IN

274. judge books by their cover

[겉만 보고 사람을 평가하다]

사람의 내면을 보는 게 아니라 겉만 보고 그 사람이 좋다 나쁘다를 판단한다는 의미의 표현이다. 책표지만으로(by their cover) 책의 내용을 판단한다(judge books)는 데에서 나온 표현이다.

ME, MYSELF & IRENE

get wind of

[~을 소문으로 듣다]

어떤 사실을 본인에게서 직접 들은 것이 아니라 다른 사람의 입을 통해서, 즉, 소문으로
들었다는 의미의 표현이다. 어떤 이야기를(of) 풍문으로 듣는다(get wind)는 뜻이다.

MOVIE ME, MYSELF & IRENE

take something at face value

[뭔가를 액면가 그대로 받아들이다, 곧이곧대로 믿다]

어딘가에 적혀 있는 것을, 또는 누군가의 말을 곧이곧대로 믿는다는 의미의 표현이다. 뭔가를
받아들일 때(take something) 가감없이 적혀 있는 액면가 그대로(at face value) 받아들인다는 뜻이다.

MOVIE SCENT OF A WOMAN

277. get bags under one's eyes

[눈 밑에 처진 살이 생기다, 다크 서클이 생기다]

나이가 들거나 몹시 피곤해서 눈 밑에 처진 살이 생긴다는 의미의 표현이다.
우리가 흔히 다크 서클이라고 말하는 바로 그것이다. 눈 아래(under one's eyes) 늘어진 가방 같은
살이 생긴다(get bags)는 뜻한다.

 WALL STREET

278. get to first base

[첫걸음을 내딛다, 성공적인 출발을 하다]

무슨 일을 이루는데 있어서 성공적으로 첫 단계에 이른다는 뜻의 표현이다. 야구에서 파생되었다.
1루(first base)에 무사히 안착하다(get to)이다.

 WALL STREET

279. off one's rocker

[미친, 열광적인]

말이나 행동이 제정신이 아니라는 뜻이며 뭔가에 미친 듯이 열광한다는 의미의 표현이다.
흔들의자(rocker)에서 느닷없이 떨어진다(off)는 뜻이다.

280. in a rut

[판에 박힌, 변화 없는]

사는 환경이나 일하는 환경이 변화가 없어서 지루할 정도로 판에 박힌 생활을 한다는 의미의
표현이다. 땅에 박힌 깊고 좁은 바퀴 자국 안에 빠져서(in a rut) 헤어나오지 못한다는 뜻이다.

281. take wooden nickels

[속다]

남에게, 또는 어떤 상황에 속아넘어간다는 의미의 표현이다. 미국의 대공황 당시에 임시로 발행되어 화폐로서의 가치를 가졌던 wooden nickel이 효력을 상실한 후에도 속임수로 버젓이 사용되었던 적이 있다. 따라서 화폐 가치가 전혀 없는 wooden nickel을 받지 말라는 의미로 Don't take any wooden nickels.라는 말이 나왔고 어느 순간, 헤어질 때 "조심해", "잘 가!" 등의 의미로 사용되기 시작했다.

 ANYWHERE BUT HERE

Don't take any wooden nickels.

282. get one's nose out of

[~에 참견하지 않다]

남의 일이나 대화에 끼어 들어서 간섭하고 참견하지 않는다는 의미의 표현이다. 남의 일에 고개를 들이밀면 얼굴의 제일 앞 부분인 코(nose)가 그 일에 가장 먼저 끼어들게 된다. 그 코를 치운다는(get out of) 뜻이다.

 ANYWHERE BUT HERE

Get your nose out of my diary.

283. bite the dust

[죽다, 실패하다, 패배하다]

기대감이 사라지거나 사람이 죽거나 특별한 시도가 실패로 돌아가고 경쟁에서 패배했을 때 사용하는 표현이다. 총에 맞아 쓰러져 죽는 병사가 얼굴을 땅바닥에 떨어뜨리며 흙먼지(dust)를 입에 문다(bite)는 뜻이다.

YOU'VE GOT MAIL

284. jump down one's throat

[갑자기 ~에게 소리를 지르며 화내다]

누군가의 행동이나 말에 순간적으로 분노하면서 그 사람이 아무런 대꾸를 하지 못하게 말문을 막아버린다는 의미의 표현이다. 상대의 목을 짓누르며(down one's throat) 공격하다(jump)의 뜻이다.

YOU'VE GOT MAIL

285. hold one's breath

[숨을 죽이다, 숨을 고르다]

긴박하고 조용해야 할 상황에서 숨을 죽인다는 의미, 또는 급히 오느라고 헐떡이는 숨을 고른다는
의미의 표현이다. 분위기에 맞지 않는 큰 숨, 또는 흔들리는 숨(breath)을 잡는다(hold)는 뜻이다.

286. pull one's leg

[놀리다, 농담하다]

말로 사람을 놀린다고 말할 때 사용하는 표현이다. 자는 사람을 깨울 때 다리를 잡아당겼다고
한다. 그래서 자는 사람의 다리를(one's leg) 장난으로 잡아당겨(pull) 깨우고 도망친다는 데에서
유래된 표현이다.

287. greener on the other side

[남의 떡이 커 보인다]

나와 다르지 않은 상황인데도 남의 것이 더 좋아 보이고 그로 인해서 질투심이 날 정도라는 의미의 표현이다. 남의 잔디가(grass on the other side) 더 푸르고 좋아 보인다(greener)는 데에서 생긴 표현이다.

MOVIE · CHICKEN RUN

288. start from scratch

[처음부터 시작하다]

무슨 일을 준비한 상태에서 시작한다는 의미가 아니라 아무런 준비가 되지 않은 상태, 바로 그 시점부터 시작한다는 의미의 표현이다. 육상 선수가 출발할 때의 출발선을 예전에는 땅에 홈을 파서(scratch) 만들었다는 데에서 나온 표현이다.

MOVIE · HEAD OVER HEELS

289. pop the question

[청혼하다]

남자가 여자에게 청혼한다는 의미의 표현이다. 상대가 깜짝 놀라게 불쑥(pop) 질문(question)을 던진다는 말인데 그런 대표적인 질문이 Will you marry me? (결혼해 주시겠어요?)라는 데에서 나온 표현이다.

290. count one's chickens

[김칫국부터 마시다]

결과를 미리 예측하고 혼자 흥분해서 자축하는 사람을 두고 사용하는 표현이다. 이솝우화에서 나온 말이며 완전한 표현은 count one's chickens before they're hatched 이다. '알이 부화 되기도 전에 닭의 숫자부터 센다'는 뜻이다.

291. breathe down one's neck

[~의 코앞에서 지켜보다]

무슨 일을 하고 있는데 감시하듯이 바로 코 앞에서 지켜 봄으로써 사람을 긴장, 혹은 짜증나게 만든다는 의미이다. 너무 가까이에서 지켜보기 때문에 목 아래쪽으로(down one's neck) 숨을 뿜어대는(breathe) 느낌이다.

WHAT WOMEN WANT

292. have butterflies in one's stomach

[몹시 긴장되다]

뭔가로 인해서 몹시 긴장될 때 사용하는 표현이다. 심장이 뛰는 것을 뱃속에(in one's stomach) 나비가 있어서(have butterflies) 그것들이 세게 날개 짓 하는 상황에 비유한 표현이다.

WHAT WOMEN WANT

 # behind bars

[교도소에 수감된]

어떤 사건이나 범죄로 인해서 교도소에 수감되어 있다는 의미의 표현이다.
교도소의 창살(bars) 뒤에(behind) 있다는 뜻이다.

294. # a tough nut to crack

[다루기 힘든 사람, 만만치 않은 사람]

다루기 정말 힘든 사람이나 해결하기 아주 어려운 문제를 가리키는 표현이다. 견과류(nut)가 매우
단단해서(tough) 깨기 몹시 힘들다(crack)는 데에서 파생된 표현이다.

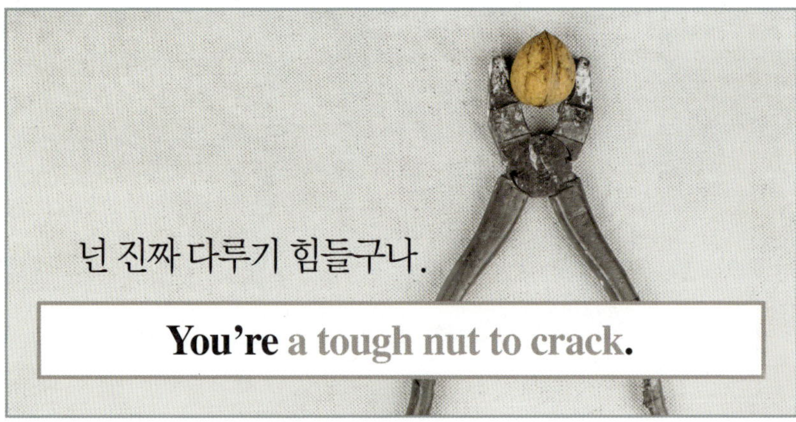

295. right up one's alley

[자기 취미나 능력에 맞는]

어떤 일이 누군가의 능력에 아주 적절하게 잘 맞는다는 의미의 표현이다.
그 일이 자신의 영역(one's alley)에 딱 들어맞는다(right up)는 뜻이다.

296. get it off one's chest

[털어 놓다]

그동안 말 못하고 괴로워하던 일을 털어 놓으면서 마음의 짐을 던다는 의미의 표현이다.
뭔가를(it) 가슴에서 털어낸다(get off one's chest)는 뜻이다.

297. up against the wall

[벽에 부딪히다, 힘든 상황에 처하다]

무슨 일을 하다가 더 이상 진척 시킬 수 없는 상황에 처한다는 의미의 표현이다. 막다른 골목에 이르러 벽에 기대어 서서(up against the wall) 더 이상 앞으로 나아가지 못한다는 데에서 나온 표현이다.

MOVIE DISCLOSURE

I'm up against the wall in something.

298. cross one's path

[우연히 만나다]

길을 가다가 우연히 누군가를 만난다는 의미의 표현이다. 의도하지 않았는데 서로의 길(one's path)이 겹치면서(cross) 만나게 된다는 뜻이다.

MOVIE MY BEST FRIEND'S WEDDING

Our paths will keep on crossing.

299. get you on a pedestal

[당신을 존중하다, 당신을 받들어 모시다]

당신을 몹시 존중하고 정성껏 모신다는 의미의 표현이다. 존경의 상징인 동상을 받침대 위에
올려 놓고 모시듯이(on a pedestal) 당신을 그 자리에 올려 놓겠다(get you on)는 뜻이다.

MY BEST FRIEND'S WEDDING

300. fall on deaf ears

[아무도 귀를 기울이지 않다]

어떤 말이나 충고를 다른 사람들이 전혀 들어주지 않는다는 의미의 표현이다.
말이 주의를 기울이지 않는 귀(deaf ears)에 떨어진다(fall)는 뜻이다.

THE AMERICAN PRESIDENT

A

a basket case 가망[희망]이 없는 사람

a long shot 성공할 것 같지 않아도 시도할 만한 값어치가 있는 계획

a pain in the ass 골칫거리

a tough nut to crack 다루기 힘든 사람, 만만치 않은 사람

absolutely 전적으로, 틀림없이, 진짜, 대단히

accident 우연한 사고, 우연

actually 실제로, 정말로

admit 인정하다, ~을 인정하다, 시인하다

advice 충고

afford 여유나 형편이 되다

afraid 무서운, 두려워하는, 겁내는

against ~에 맞서서, ~에 어긋나는

ahead 앞으로, 미리

all it quits 피장파장이다, 하던 행위를 멈추다

allergic 알레르기가 있는

alone 혼자인, 홀로

amazing 놀라운, 대단한

anxious 불안해 하는, 간절히 바라는

apologize 사과하다

appointment 약속

appropriate 적절한, 적합한

argue 언쟁하다, 다투다

arrive 도착하다

ask 묻다, 질문하다

assume ~을 가정하다, ~라고 추정하다

B

bad 나쁜, 형편 없는, 상한

ball in one's court 스스로 결정하다

ballpark figure 대강의 숫자

barely 가까스로, 거의 ~이 아니게

beat around the bush 말을 빙빙 돌리다, 횡설수설하다

beat one's brains out 최선을 다하다, 온 힘을 다하다

behind bars 교도소에 수감된

below the belt 비겁한, 부당한

bend over backwards 안간힘을 쓰다, 무진 애를 쓰다

bite the dust 죽다, 실패하다, 패배하다

blow off steam 울분을 터뜨리다

boring 지겨운, 지겹게 만드는

born with a silver spoon in one's mouth 부자로 태어나다, 유복한 가정에서 태어나다

born yesterday 풋내기인, 쉽사리 속는

bother ~을 성가시게 하다, ~을 괴롭히다

bottom line 핵심, 요점, 가장 중요한 것

break ~을 어기다, ~을 지키지 않다

break the ice 어색한 분위기를 깨다

break the news 안좋은 소식을 전하다

breathe down one's neck ~의 코앞에서 지켜보다

bring 가지고 오다, 가져다 주다, 데리고 오다

by any chance 혹시

C

call ~을 …라고 부르다

call a spade a spade 자기 생각을 솔직하게 말하다

call it a day 하던 일을 마무리하고 그만하다

call the shots 명령하다, 통제하다, 좌지우지하다

carry ~을 가지고 다니다, 들고 있다

cat got one's tongue 꿀 먹은 벙어리

change 변하다, 변하게 하다, 교체하다

check out 끝까지 확인하다

come out 밖으로 나오다

come up with ~을 생각해내다, ~을 내놓다

comfortable 편안한

competition 경쟁

complain 불평하다, 항의하다

confident 자신감 있는, 확신하는

confused 헷갈리는, 혼란스러운 상태에 놓인

confusing 헷갈리게 하는, 혼란스럽게 만드는

consider ~로 여기다, ~로 간주하다

correct 정확한, 맞는, 올바른

count on ~을 믿다, ~을 신뢰하다

count one' chickens 김칫국부터 마시다

cross one's path 우연히 만나다

cruel 잔인한

cut to the chase 본론으로 들어가다

D

date 데이트, 날짜

deal with ~을 처리하다, ~을 감당하다

Dear John 절교장

deserve ~을 받을만하다, ~을 누려야 마땅하다

desperate 절망적인, 자포자기한

destroy 파괴하다, 무너뜨리다, 없애다

devote ~에 바치다, ~에 쏟다

difference 차이, 다름, 영향

disappear 사라지다

disappoint ~을 실망시키다

discuss 토의하다, 논하다, 상의하다

drink 마시다, 술을 마시다

drop by 들르다, 잠깐 방문하다

E

easy 쉬운, 용이한

enough 충분한, 충분히

escape 달아나다, 벗어나다, ~을 면하다

exactly 정확히

expect 예상하다, 기대하다, 기다리다

explain 설명하다

F

fair 정당한, 타당한

fake 가짜의, 거짓된; 꾸미다, ~인 척하다

fall on deaf ears 아무도 귀를 기울이지 않다

fault 잘못, 단점, 결함

figure out ~을 이해하다, ~을 알아내다

find ~을 찾다, ~을 찾아주다

find out (~을) 발견하다, (~을) 찾아내다

fingers crossed 행운을 빌다

follow ~의 뒤를 따라가다, ~을 미행하다

foolish 어리석은, 바보 같은

for a living 생계수단으로, 밥벌이로

for a rainy day 어려울 때를 대비해서

force ~을 강요하다, ~을 하게 만들다

forgive ~을 용서하다

funny 웃긴, 재미있는

future 미래, 장래

G

get 가지고 오다, 사가지고 오다, 가져다 주다

get away 벗어나다, 휴가를 가다

get bags under one's eyes
눈 밑에 처진 살이 생기다, 다크 서클이 생기다

get cold feet 갑자기 무서워지다, 주눅들다

get down to brass tacks
본론으로 들어가다, 핵심을 언급하다

get it off one's chest 털어 놓다

get lost 길을 잃다

get on one's nerve 신경을 건드리다, 짜증나게 하다

get one's nose out of ~에 참견하지 않다

get over ~을 극복하다, ~을 이겨내다, ~을 잊다

get the ball rolling 일을 시작하다

get the green light 허락을 받다

get to first base 첫걸음을 내딛다, 성공적인 출발을 하다

get used to ~에 익숙해지다

get wind of ~을 소문으로 듣다

get you on a pedestal
당신을 존중하다, 당신을 받들어 모시다

glad 대단히 기쁜, 반가운

go back to the drawing board
처음부터 다시 시작하다, 백지로 돌리다

go out of one's way 일부러 애써서 ~을 하다

go over ~을 점검하다, ~을 검토하다

go through the roof 치솟다, 급등하다

greener on the other side 남의 떡이 커 보인다

grin and bear it 쓴 웃음을 지으며 참고 견디다

guess 짐작하다, 추측하다

H

habit 버릇, 습관

handle 다루다, 처리하다, 감당하다

hang out with ~와 어울려 다니다

happen 일이 일어나다, 생기다, 발생하다

hate 몹시 싫어하다

have ~을 먹다, ~을 마시다

have a bad hair day
뜻대로 되지 않는 날이다, 왠지 일이 잘 풀리지 않는 날이다

have a ball 신나게 즐기다

have a brain 머리가 좋다

have a false alarm 거짓 신고를 받다

have butterflies in one's stomach
몹시 긴장되다

help 도움이 되다, 도와주다

help out ~을 도와주다

hire ~을 고용하다

His bark is worse than his bite.
말은 거칠어도 본심은 그렇지 않다.

hold on to ~을 꽉 붙들고 있다

hold one's breath 숨을 죽이다, 숨을 고르다

hold one's horses
천천히, 조심스럽게 행동하다, 신중하게 결정하다

hopeless 희망이 없는, 절망적인

hurt 아프게 하다, 아프다, 상처를 주다

I

ignore ~을 무시하다

imagine 상상하다, 생각하다

in a rut 판에 박힌, 변화 없는

in charge of ~을 책임지고 있는

in one ear, out the other
한 쪽 귀로 듣고 한 쪽 귀로 흘리다, 쇠귀에 경 읽기

in one piece 안전하게, 무사히

in over one's head 감당하기 힘든 일에 연루된

innocent 무죄인, 결백한, 악의 없는, 순진한

interest 관심

It's cake. 아주 쉽다, 식은 죽 먹기

J

jealous 질투하는, 시기하는

judge books by their cover
겉만 보고 사람을 평가하다

jump down one's throat
갑자기 ~에게 소리를 지르며 화내다

K

keep ~을 간직하다, ~을 보관하다, 계속 ~을 하다[하게 하다]

keep up with the Joneses
필요에 의해서가 아니라 단지 남에게 뒤지지 않으려고 행동하거나 물건을 사다

kind 친절한, 다정한

knock down with a feather
간 떨어지게 하다, 무척 놀라게 하다

L

late 늦은

learn 배우다, 깨닫다

leave 떠나다, 어떤 상태로 두다

lend 빌려주다

let ~가 …하는 것을 허락하다, ~가 …하는 것을 내버려 두다

let down ~을 실망시키다

let the bed bugs bite 잘 때 편히 자지 못하다

listen 귀담아 듣다

long face 시무룩한 얼굴, 우울한 얼굴

look 모습, 외모

look after ~을 돌보다, ~을 맡다

look for ~을 찾다

look forward to ~을 몹시 기다리다

look into ~을 들여다보다

lose track of time 시간을 놓치다, 시간 가는 줄 모르다

M

make ~을 … 하게 만들어주다

make a decision 결정하다, 결정을 내리다

make a scene 소란을 피우다, 난리를 치다

make sure 확인하다, 확실하게 하다

make up one's mind 결심하다, 결정하다

meal ticket 돈줄, 밥줄

mean 의미하다, 의도하다

mind 꺼리다, 싫어하다; 생각

mind p's and q's 언행을 조심하다

miss 놓치다, 빠지다, 그리워하다

mistake 실수, 잘못

move out 이사 나가다

mum's the word 함구하다, 아무에게도 말하지 않다

N

name 이름을 지어주다

need ~을 필요로 하다

nice 아주 좋은, 친절한

nip in the bud 미연에 방지하다

notice 알다, 눈치채다, 주목하다

O

off one's rocker 미친, 열광적인

on one's way 오는[가는] 중인

on the house 주인이 돈을 내는, 주인이 서비스로 대접하는, 공짜인

out of control 통제불능의

out of one's league 수준을 월등히 넘어선

P

pay ~을 지불하다

perfect 완전한, 완벽한

personal 개인적인, 사적인

pick up ~을 찾아오다

play it by ear 즉흥적으로 하다, 그때그때 봐서 처리하다

pleasure 기쁨, 즐거움, 즐거운 일

pop the question 청혼하다

prepared 준비가 되어 있는 상태인

pretend ~인 척하다

prevent ~을 막다, ~을 저지하다

promise 약속하다, ~와 약속하다

proud 자랑스러운, 자부심을 갖는

pull 당기다

pull one's leg 놀리다, 농담하다

pull strings 영향력을 발휘하다, 빽을 쓰다

pull the rug out from under 뒤통수를 치다

purpose 목적

push 밀다, 밀치다, 밀어붙이다

put one's foot down
단호한 태도를 취하다, 자기의 뜻을 굽히지 않다

put through 전화 연결해 주다

put up with ~을 참다, ~을 견디다

Q

quiet 조용한, 말 수가 적은

R

rain cats and dogs 비가 억수같이 쏟아지다

raise ~을 키우다, ~을 들어 올리다

read between the lines
행간을 읽다, 말의 속뜻을 파악하다

reason 이유, 원인

remind A of B A에게 B를 생각나게 하다

response 대답, 응답, 반응

right up one's alley 자기 취미나 능력에 맞는

ring a bell 들어본 적이 있다

ruin ~을 망치다, ~을 엉망으로 만들다

rumor 소문

run in the family 유전이다, 집안 내력이다

run out of time 시간이 다 되다

S

safe 안전한, 안심할 수 있는

see ~을 보다, ~을 알게 되거나 이해하다

sell like hotcakes 불티나게 팔리다

sense 감각, 감, 의식

serious 진지한, 심각한

show ~을 보여주다

show up 나타나다, 모습을 드러내다

skeleton in the closet
나만의 치부, 남에게 알리고 싶지 않은 좋지 않은 비밀

smell 냄새가 나다

smart 똑똑한, 영리한

sorry 미안한, 죄송한

sound ~한 상태로 들리다

spare ~을 내주다, ~을 할애하다

speak ~을 이야기하다, 대화하다

spit in the wind 자기 얼굴에 침 뱉다, 자멸적인 행위를 하다

stair 계단

stare 빤히 쳐다보다, 응시하다

start from a scratch 처음부터 시작하다

stay 머물다, 유지하다

stay away from ~에 가까이 하지 않다

step on one's toes 성나게 하다, 발을 밟다

stop ~을 멈추다, ~을 그만하게 하다

support 지지, 지원; 지지하다, 지원하다

suppose ~일 것이라고 생각하다, 추측하다

sure 확신하는

survive ~을 견뎌내다, 생존하다, 살아남다

T

take ~을 받아 들이다, 시간이 ~걸리다

take a bath 목욕하다

take a rain check 나중으로 미루다, 나중을 기약하다

take a shower 샤워를 하다

take a walk 산책하다

take care of ~을 돌보다, ~을 신경 쓰다

take forever 아주 오랜 시간이 걸리다

take off 떠나다, 자리를 뜨다, 퇴근하다

take one's time 천천히 하다

take something at face value
뭔가를 액면가 그대로 받아들이다, 곧이곧대로 믿다

take to the cleaners 속여서 ~의 돈을 몽땅 빼앗다

take wooden nickels 속다

talk 이야기하다, 대화하다

talk turkey 진지하게 대화하다

tell ~을 말하다, ~을 말로 전달하다

Tom, Dick and Harry 어중이떠중이

trip 짧은 여행

turn down ~을 거절하다, ~을 거부하다

turn out 결과적으로 ~의 상태임이 드러나다

true 사실인, 진짜의, 진정한

U

under the weather 약간 몸이 편치 않다

up against the wall 벽에 부딪히다, 힘든 상황에 처하다

up to one's neck in ~이 목에 까지 차 있는, ~에 파묻힌

upset 마음이 상한 상태인, 속이 상한

use ~을 사용하다

W

wake ~을 깨우다

want ~을 원하다, ~에게 …을 원하다

waste 낭비, 낭비하는 행위

wear 입다, 끼다

with flying colors 성공적으로

without a doubt 의심할 여지없어

work 일하다, 효과가 있다

work on ~의 작업을 하다

work out 성공적이다, 해결되다

worry 걱정하다, 걱정시키다

wrong 틀린, 잘못된, 부적절한